城市交通拥堵

及其控制政策策略研究

URBAN TRAFFIC CONGESTION
RESEARCH ON ITS CONTROL PROBLEMS

刘小丽◎著

中国经济出版社
CHINA ECONOMIC PUBLISHING HOUSE
·北京·

图书在版编目（CIP）数据

城市交通拥堵及其控制政策策略研究/刘小丽著．
—北京：中国经济出版社，2018.12（2024.1 重印）
ISBN 978-7-5136-5459-3

Ⅰ.①城… Ⅱ.①刘… Ⅲ.①城市交通—交通拥挤—研究 Ⅳ.①U491

中国版本图书馆 CIP 数据核字（2018）第 267585 号

策划编辑　崔姜薇
责任编辑　葛　晶　冀　意
责任印制　马小宾
封面设计　任燕飞装帧设计工作室

出版发行　中国经济出版社
印 刷 者　大连图滕彩色印刷有限公司
经 销 者　各地新华书店
开　　本　710mm×1000mm　1/16
印　　张　12.5
字　　数　174 千字
版　　次　2018 年 12 月第 1 版
印　　次　2024 年 1 月第 2 次
定　　价　58.00 元
广告经营许可证　京西工商广字第 8179 号

中国经济出版社　**网址** www.economyph.com　**社址** 北京市东城区安定门外大街 58 号　**邮编** 100011
本版图书如存在印装质量问题，请与本社销售中心联系调换（联系电话：010-57512564）

序言

PREFACE

城市交通问题作为一个长期困扰社会经济发展的重要问题，早已引起社会各界的广泛关注和研究。城市交通拥堵问题产生的原因非常复杂，城市交通拥堵问题的解决既是一个经济与技术的问题，也是一个社会与管理的问题，各个城市面临的问题不同，解决的办法也不尽相同。从我国现实情况看，随着我国工业化、城市化进程的加快，城市人口的不断聚集与增加，交通需求也急剧增大，城市交通拥堵时常困扰着人们。目前不仅北京、上海、广州等特大城市交通拥堵，而且许多省会城市（或中小城市）也加入了拥堵行列，大多城市 70% 及以上的路口路段通行能力在高峰时段已超过或接近饱和，交通拥堵已成为社会反映强烈的问题。

国内外许多专家学者的研究与实践无疑为城市交通拥堵问题的解决提供了许多有益的借鉴与思考，也留下了许多需要进一步探讨与实践摸索的问题。城市交通拥堵问题的解决非常复杂，涉及城市发展与布局、交通规划与建设、交通运营与管理等多方面，是一个复杂的系统工程问题，需要有系统的思想与经济学思考，而不是采取“头痛医头、脚痛医脚”。必须用系统的观点、新的视角来研究解决城市交通拥堵问题，处理好城市交通规划与发展、城市交通供给与需求、交通运营与管理、道路与车辆、公共交通与私人交通、机动车与非机动车、历史形成与未来发展等一系列矛盾与关系，研究探讨治理城市交通拥堵的措施与办法，控制城市交通拥堵的发生。本书基于上述思想，共分为六个部分研究探讨，供专家参考与指正：

第一部分为导论。本书首先是在我国经过四十年改革开放，城市化、工业化进程加快，特别是随着城市化快速发展，城市人口的大量涌入和客货往来的利益增多，城市交通需求急剧增加，城市道路修建越来越无法满足日益增长的交通需求，交通拥堵的普遍存在已经严重影响了我国城市经济建设与社会经济的顺利发展。本书在此背景下提出研究从如何充分认识交通拥堵对城市发展的危害影响、如何从理论上进行全面系统的梳理、如何尽快解决与控制角度阐述了研究意义；而后提出本书的研究思路、主要内容、研究方法以及本书的研究结论与不足。

第二部分为城市交通拥堵及其控制问题的概念内涵与由来，由城市交通的缘起与发展、交通拥堵的界定与主要类型、交通拥堵产生的原因等内容组成。重点阐述了城市的产生与演变构成、城市交通的特点与作用、城市交通拥堵的概念内涵与理解、交通拥堵的主要类型与规律、交通拥堵产生的影响与原因等问题。

第三部分为城市交通拥堵及其控制问题依据的基础理论与启示，从公共管理、外部性、系统工程、利益相关者、可持续发展等理论出发，阐述了各个理论的概念内涵及对城市交通拥堵问题解决的启示。

第四部分为城市交通拥堵及其控制必须考虑的问题，从历史与现实、未来与发展、纵向与横向角度出发，着重研究探讨了城市交通拥堵及其控制需要研究的城市交通安全、城市交通资源使用及利用、城市交通环境影响、城市交通规划布局、城市交通需求管理等问题。重点分析了城市交通安全面临的形势与问题、交通资源使用及利用的总体情况、城市交通对环境的影响、城市交通规划布局的历史渊源与发展、城市交通需求管理的主要内容与问题。

第五部分为国内外城市交通拥堵控制的总体情况与经验。本部分着重分析了伦敦、巴黎、东京以及其他城市的交通拥堵和控制的总体情况与经验，为我国城市交通拥堵及其控制提供重要价值的借鉴与指导意义。如伦敦城市交通拥堵费的收取；巴黎建设城市环形公交走廊，开辟城市公交专用道，向企业征收的城市交通税，倡导乘坐公共交通和健康出行方式；东京因地制宜地发展轨道交通，方便细致的各类服务，严格的交通需求管理等都是值得好好学习借鉴的内容。

第六部分为城市交通拥堵及其控制的政策与策略。本部分在前五部分分析与借鉴的基础上，认为城市交通拥堵问题的解决要有系统的计划，要基于现实且有长远可持续发展与控制的思想。需要从历史与现实、城市规划与发展、城市交通供给与需求、城市交通安全与管理、城市道路建设与布局、城市土地规划与管理等多部门配合进行多方面的政策与策略协调；需要从相关法律制度、相应的管理、提高城市居民素质、文明执法与提高行人的行车文明和社会责任等多方面来进行；需要有系统的思维与举措来解决。本部分主要由国内外城市交通拥堵治理的经验与启示，我国城市交通拥堵及其控制的模式选择、基本思路与原则、政策与策略，城市交通拥堵及其控制应注意的几个问题等内容组成。

本书研究的主要结论：

第一，世界上几乎所有先进发达的国家在其城市发展进程中，都经历了城市经济发展与城市交通拥堵的过程，伦敦、巴黎、东京、新加坡等大城市都概莫能外。我国目前正处于城市化、工业化进程中，城市交通问题的出现在这个发展进程中也是难以避免，关键是我们应如何从已有的城市发展进程中吸取经验教训，及时协调与处理交通拥堵问题的发生。

第二，国内外城市交通拥堵的治理与经验直观地告诉我们，城市交通拥堵及其控制问题由来已久，产生的原因也十分复杂，城市交通拥堵的治理是不可能一蹴而就的，是一个系统复杂而又漫长的系统工程，涉及政府决策、城市发展、交通规划、运营管理、法律法规等多个方面，需要政府与民众、管理与技术、法律法规制定与执行、城市内外的协调与配合，与城市政治、经济、社会、文化、环境、资源、生活等多方面相联系，需要系统性思维与多元化的政策引导，形成强大的城市交通运输能力，满足日益增长的城市交通需求。

第三，在城市交通发展模式的选择上，遵循我国发展的国情与客观现实，选择适合我国城市交通发展的道路。由于我国人多地少、各种资源特别是土地与石油资源紧张有限，城市化进程越来越快、城市交通需求越来越大，决定了我国城市交通问题解决的努力方向。优先发展容量大、效率高、能耗省、环境保护相对好、土地资源使用占用相对省的公共交通是我国城市交通拥堵及其控制的必然选择。应建立以轨道交通为骨干、常规公交汽车为主体，多种其他方式（小汽车、摩托车或轻便电动车、自行车、步行等）为补充的运输方式，多种运输方式综合协调发展是我国城市特别是大中型城市交通的一项需要长期坚持发展的任务，也是城市发展的基本政策与策略。

第四，城市交通拥堵及其控制的核心就是要解决人的运输问题。人作为城市交通的人、车、路三大要素中的第一要素，是最活跃的因素之一。我国由于人口众多、城市人口规模庞大，交通需求也多种多样。因此，以人为本，围绕人们出行时的道路交通需求去设身处地的思考人的特性、人的心里、人的交通需求、人与车的关系、人与路的关系，有着特别重要的意义。例如，在人员密集地（工作地、公共休闲娱乐场所等地）、在居民生活区附近，提供较为完善的城市交通基础设施与道路交通服务标志，建立便于查询的现代化智能交通技术与信息服务，设置迅速方便换乘的公共交通站点与公交线路、提供温馨舒适的乘车环境等，无疑能为城市交通运输实现以人为本奠定基础。

第五，城市交通拥堵及其控制的解决，无论从近期还是从长远来看，都需要着眼于增加城市交通供给和引导城市交通需求两个方面的努力。首先，增加城市交通供给一定要高度重视城市交通发展规划，编制好交通发展规划，坚持不懈地实现交通发展规划，这也是国内外城市交通拥堵长治久安（而不是朝夕令改）的一条重要经验内容。城市空间结构决定了城市交通流、交通量、交通运输方式与交通系统布局，而交通系统布局又引导着城市空间结构的发展，两者相互作用、相互关联，影响着城市总体发展。应通过长期的投资建设增加交通运营供给和道路基础设施建设的供给，形成强大的城市交通运输基础能力，满足日益增长的城市交通需求。其次，引导城市交通需求，狭义地说，城市交通需求主要是人的需求、人的转移、人的出行。人的出行原因主要是学习、工作和回家，具有一定的规律，有特定的时间性和空间性，形成了普遍的早高峰和晚高峰，许多交通拥堵是由于这种特定的早晚高峰而发生。其他如购物、娱乐、就医、走亲访友等出行，由于个体差异和随机，出行时间和目的地等相对分散，时间性和空间性也相对分散，对交通拥堵的影响也相对分散。因此，引导城市交通需求主要体现在调整人们出行时间，控制私人小汽车使用，加强政府政策引导和宣传，使人们出行意识得到改变，让更多的出行选择更经济、更节约、更环保、更安全。

第六，城市交通拥堵及其控制的解决，在我国仍然要坚持大力推进公共交通优先发展战略。2004 年 3 月我国颁发了《关于优先发展城市公共交通的意见》，从国家层面相继颁布了优先发展公共交通的有关文件。大力发展公共交通，实行公共交通优先，是解决城市大多数居民如何便利出行的重要手段，也是缓解城市土地资源紧张、减少城市环境污染的迫切需要。然而，我国城市公共交通优先发展战略推进总体情况不乐观，许多城市公共交通优先发展并未落到实处。正如山东大学交通规划设计研究中心主任张汝华所说的那样：“当前一些城市拥堵现象比较严重，公共交通工具是承担公众出行的主力军，应该继续加大公共交通工具的投入，不仅可以解决超载，还可以治理拥堵”。大力发展公共交通是一项复杂的系统工程，这既是一个社会问题，也是一个经济问题；既是一个技术问题，还是一个管理问题，需要政府政策大力支持、规范资金的投入与引导，还需要各种运输方式的协调、配合与参与来完成。公共交通的发展，公共交通模式的选择，公共交通专用道的划定、公共交通路权使用的优先、枢纽及站点周边的布局、长途客运与短途公共交通的转换与接驳、公共交通用地的保障与落实等等都需要政策上、资金上与管理措施上的大力扶持与引导。大力发展公共交通，推动公共交通全方位、多层次、多元化方向发展，满足不同层次需求，吸引更多的人

使用公共交通，营造一个大力发展公共交通的良好社会环境，逐步形成全社会公共交通优先发展的好态势，

第七，城市交通拥堵及其控制的解决除了上述举措外，政府政策的制定与坚决执行、严格的交通执法与需求管理，也为城市交通拥堵减少发生提供了可能。如拥堵费的收取、“公交走廊”专用通道使用的严格、未经特许而使用占用处置的严厉、私人选车购车与驾驶证获取的严格，均会对城市交通需求产生重大影响。

目录

CONTENTS

项目图表索引

1 导论

1.1 本书的研究背景

城市在社会经济发展进程中扮演着十分重要的作用，城市是社会经济、政治、文化发展、贸易往来的中心，是科技、人才、产业的汇聚地，随着社会生产不断发展，城市已经不再是简单的生产聚合体，而是人们工作、生活、居住、休闲和文化艺术交流的空间组合体，人们越来越多地关注城市生活的环境与质量，城市经济的发展牵动着亿万人民的心，与地区经济发展、国家经济发展紧密相连。

城市交通作为城市生产、城市生活、人民群众交友往来不可或缺的重要工具，对城市经济活动、人民群众生活质量的提高具有十分重要的作用，且随着城市经济的快速发展，城市生活的日益繁忙，工业化、城市化的进程日益加快，城市人口的不断增长，城市交通的顺畅与否显得更加重要。

改革开放以来，随着国民经济的快速发展，交流往来的日益增多，人流、物流、信息流、资金流以前所未有的速度密度涌向城市并向周边发展，超大城市、大城市数目不断增加，城市规模急剧扩大。与1978年相比较，全国超100万人口的城市由1978年的13个上升到2015年的138个，增长幅度高达1061.54%。从1995年到2015年二十年间（数据见表1），全国50万人口以上的城市由75个增加到2015年的239个，净增长218.67%；100万人口以上城市由32个增加到147个，净增长359.38%；200万人口以上的城市由10个增加到53个，净增长430%。

表1　1995年与2015年全国地级及以上城市变化情况对比表

个数 年份	400万人口以上城市	200万~400万人口城市	100万~200万人口城市	50万~100万人口城市	20万以上50万以下人口城市
1995年	3	7	22	43	192
2015年	15	38	94	92	49

注：①表中数据来自《中国城市统计年鉴1996年》《中国城市统计年鉴2016年》；②1995年400万人以上城市是北京、上海、天津。

与此同时，20万~50万人以下的城市由192个下降到49个，减少了74.5%。城市的高速发展，带来的直接结果是城市人口的大量涌入和急剧地膨胀。

表2　全国历次人口普查情况表

人口数 普查年份	全国总人口（万人）	其中	
		城镇人口（万人）	占比重（%）
第一次（1953年）	58260	7726	13.26
第二次（1964年）	69458	12710	18.30
第三次（1982年）	100394	20658	20.60
第四次（1990年）	113048	29651	26.23
第五次（2000年）	126333	45594	36.09
第六次（2010年）	137054	66558	48.56
2015年	137462	77116	56.10

注：①数据来自全国历次人口普查公报；②2015年数字来自《中国统计年鉴2016年》。

从表2数据看，第六次人口普查全国人口总数与第一次相比较增加了78794万人，净增长了135.2%；而与此同时，城镇人口增加了58832万人，净增长了761.5%，其增长速度远远超过人口总数的增长。城市化率一次比一次高，仅第六次全国人口普查与第五次相比较，城市化率就净增长了12.47%，城市已经成为全国各地政治、经济、文化、交流往来的重要中心。截止到2015年底，全国总人口为137462万人，城镇人口为77116万人，占全国总人口的56.10%。与2010年第六次人口普查相比，短短五年内城镇人口净增加10558万人，城市化进程明显加快。城市人口的聚集，社会交往的频繁，交通需求大大增加。

表3 全国及部分地区城市公共交通客运量情况表

单位：万人次

年 / 城市	2006年			2015年			2015与2006年比较增减		
	公交客运量	其中		公交客运量	其中		公交客运量	其中	
		公共汽车、电车	轨道交通		公共汽车、电车	轨道交通		公共汽车、电车	轨道交通
全国	4659247	4477648	181599	8454295	7054193	1400102	3795048	2576545	1218503
北京	468225	397919	70306	738384	406003	332381	270159	8084	262075
上海	339604	274035	65569	561650	254852	306798	222046	19183	241229
天津	95631	94241	1390	185813	157001	28812	90182	62760	27422
河北	120091	120091	—	187208	187208	—	67117	67117	—
辽宁	336734	329906	6828	434710	395634	39076	97976	65728	32248
江苏	310467	304669	5798	547694	454967	92727	237227	150298	86929
江西	96303	96303	—	130315	130195	140	34012	33892	140
河南	162167	162167	—	257070	248260	8810	94903	86093	8810
四川	205860	205860	—	406821	379658	27163	200961	173798	27163
广东	167928	139989	27939	1081937	729057	352880	914009	589068	324941

注：数据来自《中国统计年鉴2006年》《中国统计年鉴2016年》。

我们从中国统计年鉴中整理出全国10省市相关数据进行分析，形成表3。从总体情况看，2015年全国各地城市公共交通客运总量是2006年的1.82倍，净增加了3795048万人次。其中：公共汽车、电车客运总量2015年是2006年的1.58倍，净增加2576545万人次；轨道交通客运总量2015年是2006年的7.71倍，净增加1218503万人次。

从具体城市（或地区城市）情况看，十年来，表中列示的10个省市公共交通客运总量均有大幅度增长。单个省市增长最大的是北京、上海，十年净增加的数据分别是270159万人次、222046万人次；增长最快的省市是广东、江苏，十年城市客运总量净增长数分别是 914009 万人次、237227 万人次；增长最小的天津和江西，2015 年公交客运量数据分别为 185813 万人次、130315 万人次，十年来年均净增加 90182 万人次、34012 万人次，城市客运交通总量需求不可谓不大。

从城市公共汽车、电车承担的客运总量情况看，单个省市增长最快的是天津、上海，十年分别净增长 62760 万人次、19183 万人次；增长最快的省市是广东、四川，十年分别增加了 589068 万人次、173798 万人次；增长最少的北京也有 8084 万人次。

从城市轨道交通情况看，2015 年全国已有 18 个省市开展了轨道交通，而 2010 年只有 10 个；轨道交通线路长度 2015 年为 3196 公里，比 2010 年 1471 公里净增加了 117.27%；轨道交通完成的客运总量十年来净增加了 1218503 万人次，是 2006 年的 6.71 倍；已经运营的轨道交通中，新增运量最大的是广东、北京和上海，净增加的运量分别是 324941 万人次、262075 万人次、241229 万人次；运量增长倍数最多的是天津、广东和江苏，2015 年运量分别是 2006 年运量的 20.73 倍、12.63 倍、15.99 倍。

城市交通需求的大大增加，正如美国加州大学洛杉矶分校交通研究院泰勒主任提出的“交通阻塞表明经济和社会活动活跃，而空空的街头则表明经济的萧条”那样，交流往来增多、经济活动频繁的同时，引发了城市交通拥堵带来的压力与烦恼。首先是城市交通拥堵日趋严重。据有关专题调研，我国百万以上人口的城市路口、路段的通行能力已经接近极限，其中有 80% 的路段发生拥堵，90% 的路口通行能力已接近极限。其次是行驶速度日益下降，乘务环境不断恶化。许多城市机动车时速已由 60 年代的 30 公里下降到现在的 20 公里以下甚至不到 10 公里，乘车环境不断恶化，出门难、行路难、停车难，已经成为普遍现象。最后，道路拥堵、心烦意乱诱发占道行驶、超速驾驶、疲劳驾驶等，交通安全隐患凸显。交通拥堵已经在许多城市蔓延，严重影响了城市的形象与城市的效率，给人们的工作、生活带来了许多问题，特别是北京、上海、深圳以及许多省会以上的大中型城市，交通拥堵已经转变成一种城市病，成为人们反映强烈的重要问题，缓解与治理城市交通拥堵是一项长期而又艰巨的任务，备受各方关注。

1.2 本书的研究意义

1.2.1 有利于进一步充分认识交通拥堵对城市发展的影响与危害

城市交通对于城市的形成、发展具有重要的现实意义和长远意义。在漫长的人类历史进程中，城市交通的发展本质是城市的演变发展。城市的交通随着社会生产力水平的不断提高，产业的不断聚集，城市人口的不断膨胀，城市的边缘不断延展扩大，城市交通运量和运输距离的不断增加而发展，城市交通以及城市交通工具也随之发生相应的要求与改变。在城市形成与发展的最初时期，城市交通工具多以小型载重或载重力整体不高的小型工具为主，例如自行车、摩托车、三轮车等。随着生产力水平的提高、城区的不断扩大，运输距离的不断伸展延长，私人小轿车、出租车等以及运能相对较大的公共交通工具如公共汽车、电车、轨道交通地铁等运输工具的出现满足了城市交通运输的需求，推动着城市的发展。然而，城市交通拥堵的出现将这一切美好与便利打破了，交通拥堵就像人们身上的一个“毒瘤”，导致城市交通动脉“血液”循环的不畅。交通延误、车速降低、运输效率效能低下，带来的是出行时间的延长、能耗大大地增加、二氧化碳排放的增多，城市环境恶化；交通拥堵使人心烦意乱和不安，既影响人们的身体健康，也容易导致交通事故的增加，带来巨大的经济损失和财产损失，制约社会经济的顺利发展，成为亟待解决的重要问题。因而，研究它具有重要现实意义和长远意义。

1.2.2 有利于从理论上对城市交通拥堵问题系统地梳理与总结

城市交通拥堵问题不是一朝一夕产生的，城市交通拥堵问题的解决既是一个技术问题，也是一个社会问题，各个城市的拥堵情况不同，解决的办法也不尽相同。城市交通拥堵的解决也必然是一个涉及道路交通发展、城市发展布局、公交线路规划、交通运输管理等多个方面的庞大的系统工程问题，需要寻找系统的理论与方法，而不是采取“头痛医头、脚痛医脚”的办法。必须用系统的观点、新的视角来研究解决城市交通拥堵问题，处理好城市交通供给与城市交通需求、城市规划与交通规划、交通安全管理与交通行为、道路与车辆、公共交通与私人交通、机动车与非机动车、历史形成与未来发展等一系列矛盾与关系，深刻分析城市交通拥堵的历史与现实内外原因、演变机理，通过合理的政策引导、系统地修正与重构引导和协调各方利益与关系，实行多管齐下的政策与策略，对不同类型的城市交通拥堵提出标本兼治的措施与办法，控制城市交通拥堵。因而，研究它具有重要现实意义和长远意义。

1.2.3 有利于城市交通拥堵问题的缓解和尽快解决

城市交通拥堵问题具有一定的普遍性，是一个长期困扰着世界的难题。即使是工业相对发达的一些代表性国家，交通拥堵问题也没有得到根本的解决，都经历了从畅通到拥堵、从拥堵到缓解的过程。即使是现在，也没有哪一个城市敢说是彻底解决了交通拥堵问题。交通拥堵问题常常困扰着人们，影响着人们的工作和生活。城市交通拥堵问题的解决，直接关系到城市经济的发展。欧美许多发达国家专家学者从 20 世纪 50 年代就已经开始对交通拥堵问题进行研究，各国专家学者探索出许多适合不同出行特征的交通拥堵评价指标和数据收集方法，分析各自交通流量的规律和交通拥堵表现形式等问题。不少专家学者和实践者不仅从理论上进行探讨，而且从实践上进行了许多尝试，已拥有这样、那样好的经验与做法，值得我们结合我国国情、城市情、社会情、人群情、交通情等具体情况，去学习去研究去总结去提高，提出符合实际、切实可行的解决方案与办法，极大限度地缓解或解决城市交通拥堵问题。因此，研究它具有十分重要的现实意义和长远意义。

1.3 本书研究的国内外研究动态

交通在城市发展中的作用巨大，但交通拥堵带来的城市问题也成为一个世界性的难题，困扰着每一个城市的发展。2000 年，诺贝尔奖获得者曾做过一次测算，得出全球每年因交通堵塞造成的损失浪费巨大，约占 GDP 的 2.5%[1]。解决城市交通拥堵引起了国内外专家学者和实践者的广泛关注，相关研究也集中体现在以下几个方面。

1.3.1 国外城市交通拥堵及其控制问题的研究

(1) 关于城市交通拥堵基本概念与内涵的研究。

欧美许多发达国家专家学者从 20 世纪 50 年代开始对交通拥堵问题开始研究，对交通拥堵的含义、特征、拥堵的评价指标进行研究，如美国得克萨斯交通研究院提出了将出行时间、行驶速度、延误时间等指标作为城市拥堵指标，美国联邦公路局还提出将出行时间可靠度作为道路拥堵评价指标。各国专家探索出许多适合不同出行特征的交通拥堵评价指标和数据收集方法，分析各自交通流量规律、交通拥堵表现形式、基本特征和影响因素。

(2) 关于城市交通拥堵产生原因的研究。

关于拥堵的原因仁者见仁、智者见者，许多分析也趋于相同。例如，2006 年美国运输部出台了《针对减少美国的交通网络拥塞的国家战略》指出：交通拥堵的根本原因是缺乏一种有效的机制来管理对现有交通容量的利用，其他原因为交通事故、大型活动、天气状况、交通信号灯故障等。安东尼·唐斯认为交通拥堵主要是因为早晚高峰出行、私家车出行增加、人口膨胀、意外事故与天气等造成[2]。

（3）关于城市交通供给方面的研究。

国外增加交通供给的研究大多集中在如何合理规划城市发展与城市交通优先发展上，大力发展运输能力大、成本相对低、舒适便捷的公共交通成为世界许多城市交通发展的共识。如有的国家几十年如一日地坚持发展容量大、污染少、能耗省的城市公共交通运输体系，通过城市道路新建、扩建与改造，增加城市交通运输道路、城市交通运输能力、城市交通运输服务的供给，落实公共交通优先发展，实施一体化运输管理。如公交优先发展的典范城市巴西库里提巴市 1974 年就已经实行快速公交专用道系统，在公交线路布局、站场设计、车辆设计以及公交票价设计等方面进行了系统专门的研究，取得了较好的运营效果和管理经验，把市区 13 个区域统一纳入系统管辖，公交优先发展成效显著，全市 75% 的交通量被吸引到城市公交系统中来，大大地分流了城市拥堵带来的压力，城市私人机动车使用大大减少，污染和噪声随之下降；此外，大力发展城市绿色生态环境建设，使库里提巴市成为享誉世界的最适宜人居的生态文明城市。

（4）关于城市交通拥堵疏导方面的研究。

西方发达国家经历了城市发展、城市拥堵、城市再发展、城市再拥堵等系列痛苦经历后，认识到解决城市交通问题决不能“头痛医头、脚痛医脚”，单单依靠车堵修路、路多增车、车多修路的循环往复的交通供给是难以解决交通拥堵问题的，还必须注重交通系统的管理，从管理中要效率。对交通需求进行有效疏导、控制和引导，对城市客货运输结构、交通运输管理和城市交通模式进行多方探讨。例如，拥堵收费和车牌限制是国外通行的控制车辆使用的有效方法，拥堵收费作为一种经济手段，得到了大家普遍的认同，其目的就是引用价格机制有效引导交通需求，缓解交通拥堵。新加坡是国际上最早使用拥堵收费的国家，该措施的出台有效缓解了城市核心区域交通的压力，高峰时段拥堵明显下降；英国伦敦也通过实施交通拥堵费制度降低城区交通需求，采取紧急的、行政的手段减少某一路段或某一区域交通需求量缓解城市交通拥堵。

(5) 关于城市交通自动控制方面的研究。

早在19世纪，人们就已经开始研究交通信号问题，利用不同颜色信号对交通运行实施信号控制，取得了较好的经验和疏导作用。交通信号控制是伴随着自动控制理论及其技术的发展而不断演变的。随着先进的城市交通控制系统的应用，交通控制系统以及控制理论得到了迅速地发展，城市交通控制朝智能化方向转变。如美国公交注重智能交通管理系统，确定了七大管理控制领域（出行与交通管理系统、出行需求管理系统、公共交通管理系统、商用车辆运营系统、电子收费系统、应急管理系统、车辆控制和安全系统），将先进的信息、电子通信、自动控制、计算机网络等技术运用于交通运输管理体系。日本1995年就确定了《建设先进的信息机电信社会的基本方针》法案，将计算机、通信、互联网等先进技术应用到日本交通管理系统中来。法国城市公交服务系统便民措施相当完善，售票、检票系统高度自动化，运行线路明确有保障（指有专用通道），服务体系高效。

1.3.2 国内城市交通拥堵及其控制问题的研究

(1) 关于城市交通疏解与供给方面的研究。

城市交通拥堵最直接的表现就是道路交通畅通不够，道路供给供不应求，人多车多、道路堵塞，行驶速度缓慢，通过能力受限。解决交通拥堵问题，首先想到的就是进行道路疏解、增加道路供给。杨浩雄、李金丹、张浩、刘淑芹（2014）在论文“基于系统动力学的城市交通拥堵治理问题研究”中指出，近年来我国城市交通供给和需求的矛盾日益突出，城市交通拥堵问题越来越严重。论文从城市交通拥堵这一现象入手，对城市居民出行和城市物流两个方面进行了总结探讨，对交通拥堵的现状、原因以及带来的影响进行了分析，提出了解决交通拥堵问题的对策建议。安大翔、张强（2016）在论文“城市交通拥堵问题分析”中对城市交通拥堵社会成本进行了显性成本、隐性成本分析，对城市交通供给现状和城市交通需求现状也进行了深入分析，认为交通供给无法满足交通需求是交通拥堵的根本原因，解决交通拥堵需要从源头上着手。关于道路疏解方面的研究多从改善现有道路交通路网，增大现有道路交通容量入手。例如完善现有道路路网体系、合理规划现有车流路线、因地制宜加宽现有道路、解决现有交通线路中的“瓶颈”线路段或“瓶颈”点，分流疏解现有道路拥堵现象，减少现有道路堵塞拥堵问题。对现有道路机动车、非机动车和行人交通进行有效分割，有效提高交通道路通行能力，对现有道路交叉路口设置人行天桥（地道），减少现有交叉路口的干扰，确保路口交通安全和通行能力。在增加城市现有交通供给方面，除了上述研究外，还多会从修建新的道路、桥梁等进行原有拥堵线路的分流，对交通瓶颈的线路段或制约点进行改扩建，增大道路交通容量和分流后的通过能力，但往往容易陷入越堵越修、越修越堵的恶性循环状态。交通基础设施由于其建设期长、投资大、见效慢，往往难以满足迅速增长的交通需求，“交通拥堵—新修道路（加宽或另修一条或若干）—车流人流再次拥堵—道路条件再次恶化—交通再次堵塞——道路需要再分流或再修路”的恶性循环，空气污染、噪声干扰、土地资源有限等尴尬问题也会接踵而来，影响着城市发展。

（2）关于城市交通规划与协调方面的研究。

城市交通发展与城市发展紧密相连，在制定城市发展规划的同时必须制定好城市交通规划，使城市发展中的交通出行、交通流量增长变化、交通基础设施建设、交通的管理等等问题与城市土地规划、城市合理布局紧密结合、协调发展。例如，白云芳（2016）在论文“城市交通规划中存在的问题与解决的措施”中从道路环境功能规划、交通发展战略、道路容量、规划理念、道路网络弹性规划等角度分析了目前城市规划工作中存在的问题，提出了转变交通规划理念、重视城市可持续发展等相关建议。涂婷（2016）在论文“新时期城市交通规划的作用及其思路转变探讨”中着重对城市交通规划的作用进行了分析，提出了坚持科学发展观、坚持多个部门协调、在交通规划中应用新的技术等措施建议。清华学者文国玮（2011 年）在论文“城市规划是实现绿色交通的根本途径”中认为城市规划是解决城市交通问题、实现绿色交通问题的根本途径。城市规划要致力于调整和优化城市布局、完善组团功能、就近安排居住与工作，减少交通出行量和交通距离，促进城市道路系统与城市用地布局协调发展，使得城市规划发展与城市交通规划发展紧密联系起来。东南大学王炜教授认为城市交通规划应该包括城市交通的建设规划与管理规划，将城市建设、交通发展与交通管理有机结合，才能协调发展并减少日后可能发生的交通拥堵问题。胡小静、李矿辉（2011）在论文“从城市规划角度探讨如何建设资源节约型社会”中认为，建设社会资源节约型社会，是现代社会发展的重要理念；论文通过制定城市能源战略、发展现代城市产业、城乡协同发展，降低城市热岛效应，发展紧凑城市，倡导城镇群协调发展，优化城市交通规划等，对建设资源节约型社会进行了相关探讨。王炜教授与徐吉谦、杨涛教授等在国家自然科学基金项目“城市交通规划理论及其应用”中提出了适合我国城市交通特点的城市交通规划理论体系，从系统规划层面探讨城市交通规划与宏观交通管理、城市交通规划快速反应、城市交通网络如何评价、城市交叉路口能力如何计算等问题。北京交通大学根据学科研究与学科特色，成立了“大城市交通拥堵研究中心”，重点研究城市交通政策与管理、城市交通流基础理论、城市交通系统组织优化与控制、城市交通拥堵梳理及信息服务，并与北京等大中城市交通规划、设计、运营管理等部门紧密结合，产生了一批与城市交通紧密相关的研究成果，为城市交通拥堵的解决做出了贡献。

（3）关于城市交通优先发展方面的研究。

1985 年，我国国家科委公布的中国技术政策第 9 号蓝皮书中，针对大中城市人口密集、出行困难、交通供求不平衡状况，明确提出了“大力发展公共交通”解决城市交通拥堵问题；优先发展公共交通成为解决城市交通拥堵的基本原则。我国学者曹冠军（2015）在论文“浅议城市公交优先发展策略”中认为实现公交优先是解决城市拥堵、城市节能环保的必然出路，分析了目前城市公交优先发展所存在的问题以及原因，阐述城市公交优先发展的现状，提出了立法优先、规划有限等五个举措。黄钊（2015）在论文"'公交优先'战略下清远市公交发展研究"中总结和阐述公交优先发展的内涵和意义的基础上，以清远市公交系统为研究对象，总结和分析了"公交优先"战略下清远市公交发展现状和问题，提出了清远市公交优先发展的思路与具体做法。胡润州（2013）在论文"我国城市交通的公私博弈与公交优先战略"中认为城市化、机动化加剧了城市交通供需矛盾，且备受以交通拥堵为特征的"城市病"的困扰，公交优先的有形无形，使中国城市公交出行率长期偏低，越来越多的人转向私人小汽车。因此，必须把公交优先当成城市交通供给的第一策略，在科学合理规划交通，引导私家车使用上寻找解决办法。徐华兵（2010）在论文"城市公交优先发展影响因素分析"中认为公交优先体现了一个城市综合发展能力和现代化水平的重要标志，对城市建设和社会经济发展具有十分重要的作用，论文从城市公交发展的阶段性规律、公交优先发展的管理制度、运营发展等多方面分析原因，提出了解决制约公交优先发展的对策建议。东南大学的程琳、范巍巍、王炜（2006）在论文"公交优先发展的内涵、外延和发展战略"中认为为了促进全社会形成公交优先发展的理念，对什么是公交优先、为什么公交要优先、怎样实施公交优先等问题展开了研究，揭示了公交优先的内涵、外延，提出了我国城市公交优先发展的战略。交通的目的是实现人与物的移动，应当根据各种交通方式运输人和物的效率来分配道路空间的优先使用权。在解决人的出行问题上，无疑应大力发展大运量、高效率的公共交通方式[3]。

（4）关于城市交通管理方面的研究。

我国专家学者对城市交通管理进行了系列探讨。赵小燕（2015）在论文"城市交通管理对策探讨"中通过分析城市交通发展状况，指出了城市交通管理在全局规划、交通需求结构调节、公众参与机制等方面存在问题，并从城市交通管理体制改革、提高公共交通容纳量、健全城市交通公共参与机制、技术手段与行政关系相结合等四个方面提出了措施建议。王新（2015）在论文“我国城市交通管理现状及其建议”中认为我国城市交通管理存在跟不上城市发展的节奏、管理混乱、管理效率低下、监督机制不健全等问题，并提出从强化城市交通综合管理能力、提高交通工程管理人员职业素质等方面加强城市交通管理的建议。贺小敏、张敬（2015）在论文“我国城市交通管理体制改革的基本思路”中分析了我国城市交通现状，指出我国现行的城市交通管理体制存在的弊端，难以很好地适应交通运输业和城市道路交通网络的蓬勃发展，建议借鉴新加坡模式来深化我国城市交通管理体制改革。段里仁、毛力增（2012）在论文“城市交通管理的十大意识”中对交通意识的概念进行了界定，认为加强城市交通管理应该从提升全民交通意识、交通行为文明、交通目标整体改善等角度出发，强化我国城市交通的“软环境”建设。朱媛玲（2009）在论文“我国城市交通发展现状与优化”中分析了当前城市交通发展状况，找出了其中存在的问题，提出了优化城市交通管理的有效措施，以促进城市交通效率的提高。宋冰勇、鲁丰先（2008）在论文“我国城市交通模式及城市交通管理方法探究”中就城市交通模式进行了分类与比较，认为我国应该选择“公交为主体、小汽车为重要补充”的过渡城市交通模式。政府应当制订一些诸如加快干道建设、适度限制小汽车发展、保留自行车交通空间、加强公交运行和出租车市场管制、实行单向交通运行和分道运行等的交通管理办法，强化交通系统管理[4]。目前有的城市采取单双日限行或错开上下班高峰时段等方法减少城市交通拥堵。

（5）关于城市交通拥堵方面的研究。

第一，对城市交通拥堵原因的研究。我国专家安大翔、张强（2016）在论文“城市交通拥堵问题分析”中分析了交通拥堵的原因，得到交通供给缓慢、道路规划不合理、公共交通系统不够完善、交通管理不足等是造成拥堵的主要原因。蒋燕、刘巧云（2015）在论文“城市交通拥堵问题及其对策研究”中认为城市交通拥堵的主要原因是交通供求失衡造成。王东、白杰文等（2015）在论文“城市交通拥挤成因分析及解决办法研究”中从道路交通需求与供给不能有效协调、混合交通、交通路政管理不力、车辆驾驶者法治意识不强、行驶不规范、道路交通政策不统一等多方面进行了原因分析，并提出了通过不同办法限制车流数量、拓宽公路完善道路、大力发展公共交通、减少私家车出行等，加强对交通拥堵的梳理。王建华、袁东东、严李强（2012）在论文“浅谈城市交通拥堵问题及应对方案”中认为机动车数量增长过快、交通设施增长慢、道路建设不合理，公交系统不够完善、交通管理不够完善、城市人口增长过快等造成了交通拥堵。张爱东（2007）在论文“城市交通拥挤分析与对策”中，从交通基础设施、交通意识、交通结构、道路结构、城市化进程等几个方面对城市交通拥挤的几个影响因素进行了分析，并提出了缓解交通拥挤的对策，以提高交通效率。范生梅（2007）在论文“中国城市交通拥堵对策研究”中，认为城市交通拥堵的根本原因是交通供求不平衡，做好规划、设计并建设好每项交通基础设施、加强交通需求管理、严肃执法、积极发展城市公共交通、进一步完善城市路网建设是有效解决城市交通拥堵的有力措施。张冠军、化存才（2007）在论文“昆明市区交通拥堵状况及解堵策略的评估模型”中根据社会调查评价，利用层次分析法得出对交通拥堵的影响因素中，行人和司机的行为影响最大，城市建设次之、公交事业最小。

第二，对交通拥挤收费问题的研究。我国则采取了提高核心拥堵区域停车费标准、单双号车号限行和倡导乘坐公交、公交价格优惠政策配套等办法，一定程度上缓解了高峰时段的拥堵压力。赵蕾（2015）在论文“交通拥挤收费研究”中以交通拥挤收费政策成功地区的数据为例，对其方案内容、实施策略及政策背景等进行了剖析，认为交通拥挤收费政策的有效实施主要依据是社会发展水平、公共交通服务质量和城市管理的现代化程度。刘小园、干宏程（2015）在论文“城市交通拥挤收费问题的浅析”从微观经济学角度对城市交通拥挤收费的合理性进行了分析，提出了在目前情况下我国城市交通拥挤收费实施面临的困难，以及应该采取的相关建议。王在涛、马寿峰（2014）在论文“从中国城市的特点看交通拥挤收费”中总结了新加坡、伦敦等城市实施交通及收费的成功经验，并对中国城市的特点进行了分析，提出了自己的分析与观点，认为现阶段中国城市还不太适合实施交通拥挤收费政策。陈方、戢晓峰（2010）在论文“城市交通拥挤管理政策体系研究”中认为随着社会经济的快速发展与城市化进程的加剧，交通拥挤已经成为一个影响城市功能的正常发挥、影响城市科学可持续发展的重要问题。城市交通需求的变化、城市交通问题的复杂，使得城市交通拥挤管理政策的制定与实施也变得十分复杂且具有不确定性。任何一项交通政策的出台，都必须根据城市社会经济发展状况、交通发展规律来制定。胡罗岚、李方林（2006）在论文“城市交通拥挤的经济学思考”中认为对于一些正在步入后工业化时期的发展中国家而言，交通拥挤已带来了巨大的社会成本，这种巨大的社会成本必须依靠增加交通拥挤税、汽车使用税，增加公共交通的供给来解决。王健、胡运权、徐亚国（2003）在论文“拥挤定价理论发展及对我国城市交通管理的启示”中，回顾了拥挤定价理论的发展历程和最新进展，提出了该领域的研究方向，分析了拥挤定价理论在实践中的应用效果，给出了我国推行该政策的建议。

第三，对城市交通拥堵对策方面的研究。我国专家杨京典、张会平（2016）在论文“城市交通拥堵治理政策与策略”中提出我们不仅要借鉴国际经验，还要结合我国城市交通的现状与存在的问题进行综合分析，才能找出合理的解决方案。丁晨（2015）在论文“杭州交通拥堵现象分析及其对策”中提出大力发展公共交通、控制私家车使用、完善城市交通管理、营造居民交通意识等建议。赵月霞（2014）在论文“浅析城市交通拥堵问题及对策的研究”中提出优先公共交通、打造城市绿色交通、逐步完善相关法律法规等措施加强城市交通管理。何玉宏、谢逢春（2011）在论文“制度、政策与观念：城市交通拥堵治理的路径选择”中，从城市化、机动化与国际化三个角度阐述了城市交通拥堵是如何形成的，然后又从制度、政策设计与观念三个层面提出了如何治理城市交通拥堵的思考。许永兵（2010）在论文“城市道路交通拥堵综合治理措施的探讨”中，从规划和管理两个层面出发，提出了解决城市交通拥堵问题的一系列措施，以缓解其拥堵程度。张嘉敏（2010）在论文“城市交通拥堵的根本原因及对策分析”中，认为客运需求弹性远大于运能供给弹性，应缩小城市交通供给特性与客流需求特征之间的不对等性，提高交通基础设施的有效供给，实现总体客流需求满足的最大化。

（6）关于城市交通系统控制方面的研究。

我国也加强了交通系统控制的理论与实践研究，在城市交通和干线交通上采用先进网络、通信和计算机技术进行交通状况控制，取得了好的效率与效益，大大提高了线路与区域通行能力。闫忠孝、徐兰（2012）在论文“城市交通控制中基于智能计算的模糊控制技术”中对城市道路交通控制的现状进行了分析，提出了基于模糊数学的城市交通控制的改进建议。王雪茹、袁建清、崔然（2011）在论文“多智能体技术及其在交通控制系统中的应用”中认为多智能技术是挡墙分布式人工智能的一个研究热点，通过各自治智能体间的通信、协调、合作来表达实际的复杂系统是解决城市交通控制问题的一个好方法，提出了多智能体在交通控制系统中如何应用的建议。耿立明、杨威（2010）在论文“智能控制在城市交通控制中的应用”中介绍了自适应神经模糊推理系统的结构，以及应用 MATLAB 模糊工具箱提供的 ANFIS 应用工具仿真，并就智能控制在城市交通控制中如何应用进行了探讨。李洪敏（2010）在论文“利用计算机视频技术解决道路交通问题”中对利用视频技术对于交通管理的益处、城市道路交通监控的主要作用和如何进行视频监控等问题进行了系统探讨。曹东源、高爱坤、田小平（2006）在论文“智能交通与城市交通缓堵”中分析了我国城市交通拥挤状况和解决交通拥挤的常用方法，提出了利用智能交通提高道路利用率、进行车流分布控制、事故控制和交叉口管理控制的途径。

1.4 本书的研究思路、主要内容与方法

1.4.1 本书的研究思路

从国内外研究动态情况看，国内外许多城市在城市社会经济发展进程中都遇到了城市交通拥堵及其控制问题，也一直致力于研究解决这个的重要问题，许多专家学者与实践者从不同角度对其进行了研究与探讨，进行了许多有益的尝试。国内外的研究与实践无疑为我国城市交通拥堵问题的解决奠定了良好的前提与基础，留下了许多可以学习与借鉴的经验与教训，对进一步研究和探讨城市交通拥堵问题具有重要的现实意义和理论意义。

本书按照提出问题、分析问题、解决问题的研究思路，遵循经济学基本原理，从系统、全面、综合的视角，对城市交通拥堵的概念内涵与由来、城市交通拥堵发展的历程与影响、城市交通拥堵产生的原因、城市交通拥堵如何控制等方面进行分析；从公共管理、外部性、系统工程、利益相关者、可持续发展等理论角度，分析城市交通拥堵问题的由来及其解决启示，研究城市交通拥堵及其控制必须考虑的若干问题。借鉴国内外在城市交通拥堵及其如何控制、采取什么措施等各方面的经验，对我国城市交通拥堵及其控制的政策与策略进行深入研究，以分析我国城市交通拥堵及其控制应注意的问题，而这正是本书的研究重点与难点。

1.4.2 本书研究的主要内容

本书全文共分为 6 个部分。

第 1 部分为导论，主要阐述本书的研究背景、研究意义，综述国内外研究动态，提出本书的研究思路、主要内容与研究方法以及本书研究

结论与不足。重点阐述了为什么要研究城市交通拥堵问题，以及怎样研究，用什么方法研究等，为后续研究奠定了基础。

第 2 部分为城市交通拥堵及其控制问题的概念内涵与由来，由城市、城市交通的历史渊源与发展、城市交通的特点与作用、城市交通拥堵的界定与主要类型、城市交通拥堵发展的历程与影响、城市交通拥堵产生的原因等内容组成。重点阐述了城市的产生与构成、城市的确定与演变、城市交通拥堵的概念内涵、遵循的规律与影响等。

第 3 部分为城市交通拥堵及其控制问题依据的基础理论与启示，从公共管理理论、外部性理论、系统工程理论、利益相关者理论、可持续发展理论等理论的历史由来、本质内涵出发，探讨了上述理论对城市交通拥堵问题解决带来的启示。

第 4 部分为城市交通拥堵及其控制必须考虑的问题，从历史与现实、未来与发展、纵向与横向等角度出发，研究探讨了城市交通拥堵及其控制需要考虑的城市交通安全、城市交通资源使用利用、城市交通环境影响、城市交通规划布局、城市交通需求管理等问题。重点分析了我国城市道路交通安全面临的形势、资源使用利用情况、环境影响、城市交通规划布局存在的主要问题等。

第 5 部分为国内外城市交通拥堵控制的总体情况与经验。他山之石，可以攻玉；本部分着重分析了英国伦敦、法国巴黎、日本东京、我国香港以及其他城市的交通拥堵及其控制总体情况与经验，为我国城市交通拥堵及控制问题的解决提供有价值的借鉴参考。

第 6 部分为城市交通拥堵及控制的政策与策略。本部分在上述分析与借鉴的基础上，提出城市交通拥堵及控制的政策与策略。本部分主要由国内外城市交通拥堵治理的经验与启示，我国城市交通拥堵及控制的模式选择、基本思路与原则、政策与策略，城市交通拥堵及控制应注意的几个问题等内容组成。

1.4.3 本书的研究方法

本书属于应用经济学中的交通经济学研究范畴，在充分调研城市交通拥堵状况与原因分析的基础上，应用经济学的基本原理、系统控制理论、公共管理理论、外部性理论、利益相关者理论、交通运输与道路规划理论、统计学、管理学原理等，对城市交通拥堵问题的解决进行系统分析，对国内外相关经验进行归纳与总结，提出本书的研究思路与政策建议。

因此，考虑到城市交通拥堵问题及其控制是一个涉及面广、影响因素复杂、社会敏感度高的社会经济发展问题，本书研究注重多学科基础理论与知识的综合运用相结合，强调理论与分析问题相结合、宏观分析与微观分析相结合、定量分析与定性分析相结合。在各种分析中，采用了多种方法进行研究探讨。

一是系统分析方法。系统分析方法来源于系统科学，它用系统的眼光去研究客观事物，通过系统要素、系统环境、系统资源、系统管理分析，诊断问题、揭示问题、解决问题。城市交通拥堵问题产生的原因十分复杂，需要通过系统分析，研究各因素与交通拥堵的影响关系，明确影响因素的作用机理和规律，提出解决城市交通拥堵问题的建议。

二是文献法，也称历史文献法。文献法是一种既古老、又常青、富有生命力、独特的研究方法，通过搜集和分析研究各种以往的有关文献资料，从中选取有用信息，达到某种调查研究的目的。本书研究的城市交通拥堵问题是一个许多专家学者、实践者十分关注的重要问题，他们从不同角度对其进行了研究探讨与实践，所有这些工作为本书的研究提供了许多有益的思路与启迪，在综合前人专家研究的基础上，依据自身所学所思，试图为城市交通拥堵及其控制提出一些有重要参考价值的政策策略建议。

三是归纳法与演绎法。归纳法是一种从具体到一般，从若干个具体发生的经济现象中总结概括出经济现象或经济事务普遍发展的规律的方法。演绎法是从许多比较普遍的经济事务与经济关系中推导出个别结论的方法，这种思维方法是按照一定的事务发展的逻辑关系，从若干普遍的经济关系与经济现象中推导出社会经济现象与事务的发展过程。本书采用归纳法与演绎法，通过城市交通拥堵问题的概念内涵与由来、依据的基础理论分析，提出解决城市交通拥堵问题的入手点，分析城市交通拥堵控制面临的形势，分析城市交通拥堵应注意考虑的问题，为解决城市交通拥堵问题寻找依据。

四是比较分析法。比较分析法是将相同或相似的经济现象或事务进行相互比较分析与评价，以达到认清事物的本质与规律的一种方法。比较分析法的应用前提是口径统一且可比，得出的结论才能真实有效。城市交通拥堵问题是许多国家特别是发达国家先进城市在发展过程中普遍遇到的重要问题之一，城市交通拥有的共性与特性也不断提示我们要注意比较与借鉴，通过国内外城市交通拥堵控制的总体情况与经验，提出适合我国城市交通拥堵及其控制的政策与策略以及注意的几个问题。

1.5 本书主要研究结论与不足

1.5.1 本书的主要研究结论

（1）城市交通问题仍然是国内外城市发展中普遍需要面对和高度重视的重要问题之一。国内外许多城市在长期的实践中，结合自身的具体情况进行了许多有益的探索和总结，最终选择了适合自身发展道路的模式选择与治理。本书对国内外城市交通发展已有的三种主要模式和各种运输工具技术经济特征进行了初步分析认为：①优先发展容量大、效率高、能耗省、占地少、环境保护相对好的公共交通符合我国城市发展实际情况。②建立以轨道交通为骨干常规公交汽车为主体，多种其他方式（小汽车、摩托车或轻便电动车、自行车、步行等）为补充的综合交通系统。③多种运输方式综合协调发展是我国城市交通一项需要长期坚持发展的重要任务，因地制宜、因市制宜的选择是城市交通发展的基本政策与策略。

（2）城市交通拥堵及其控制问题由来已久，产生的原因也十分复杂。城市交通拥堵及其控制是一个系统工程，需要多方面的参与协调。既有政府层面的，也有百姓大众层面的；既有管理层面的，也有技术层面的；既有法律法规制定完善方面的，也有法律法规执行遵守方面的；既有城市内部的协调问题，也有城市外部的配合问题。这是一个系统工程，涉及城市交通规划、运营服务和交通管理等多部门多环节，与城市政治、经济、社会、文化、环境、资源、生活等多方面直接相关联，需要有机处理、紧密配合，兼顾城市当前利益与长远利益、局部利益与全局利益。遵循系统性、多样性、动态性和适度超前性原则，全面、准确、细致地分析与因地制宜地选择与引导。

（3）城市交通拥堵及其控制的核心就是要解决城市人的运输问题，必须树立城市交通引领城市发展新理念，使城市交通与城市发展相匹配。城市交通的存在是为了人的生存而存在，城市交通的打造也要围绕满足人的需求来筹划。交通和城市的关系实际上就是人与城市的关系，要从统筹城市的发展角度去统筹城市交通的发展，重视交通与城市的互动，树立交通优先发展的理念。人作为城市交通的人、车、路三大要素中的第一要素，是最活跃的因素之一。我国由于人口众多、城市人口规模庞大，交通需求也多种多样，因此，以人为本，围绕人们出行时的道路交通需求去设身处地地思考人的特性、人的心里、人的交通需求、人与车的关系、人与路的关系，有着特别重要的意义。例如，在人员密集地（工作地）、在居民生活区、在人群密集的场所及其附近提供周到便利的城市交通基础设施与满足需求服务，零距离换乘、无缝化衔接、统一的乘车运行票制、清晰明了的信息服务、干净整洁的乘车环境、设置便利的公共交通站点与公交线路，无疑是以人为本，满足人们的城市交通服务需要。

（4）城市交通拥堵及其控制的解决仍然需要着眼于增加城市交通供给和引导城市交通需求两个方面的努力。第一个方面，增加城市交通供给主要体现在增加交通运营的供给和道路基础设施建设的供给上。交通运营的供给又要通过城市布局与城市交通规划的调整改造、公共交通系统的建立健全、交通安全与管理工程工作的落实到位来实现。道路基础设施的供给则主要通过城市道路系统、城市轨道系统、城市交通枢纽站点和停车场等一系列交通基础设施的改造、新建来实现。全方位、立体化、多样性的道路基础设施的新建、改造和扩建为城市路网交通容量的增加与城市交通供给的增加提供了可能。然而，新建的道路基础设施又会诱发新的交通需求量，而交通需求往往是超过交通供给，新的拥堵随之又发生。因此，应加强政府强有力的领导，做好城市交通规划的合理布局，增加城市交通供给，各有关交通部门要通力协同合作。第二个方面，引导城市交通需求。狭义地说，城市交通需求主要是人的需求、人的转移、人的出行。人的出行原因主要是学习、工作和回家，具有一定的规律，有特定的时间性和空间性，形成了普遍的早高峰和晚高峰，许多交通拥堵是由于这种特定的早晚高峰而发生。其他如购物、娱乐、就医、走亲访友等出行，由于个体差异和随机，出行时间和目的地等相对分散，时间性和空间性也相对分散，对交通拥堵的影响也相对分散。因此，引导城市交通需求主要体现在调整人们出行时间，控制私人小汽车使用，加强政府政策引导和宣传，使人们出行意识得到改变，让更多的出行选择更经济更节约、更环保、更安全。

（5）城市交通拥堵及其控制的解决仍然要大力推进公共交通优先发展战略。2004 年 3 月我国颁发了《关于优先发展城市公共交通的意见》，从国家层面相继颁布了优先发展公共交通的有关文件。大力发展公共交通，实行公共交通优先，是解决城市大多数居民如何便利出行的重要问题，也是缓解城市土地资源紧张、减少城市环境污染的迫切需要。然而，我国城市公共交通优先发展战略推进总体情况不乐观，许多城市公共交通优先发展并未落到实处。正如山东大学交通规划设计研究中心主任张汝华所说的那样："当前一些城市拥堵现象比较严重，公共交通工具是承担公众出行的主力军，应该继续加大公共交通工具的投入，不仅能解决超载，还可以治理拥堵"。大力发展公共交通是一项复杂的系统工程，这既是一个社会问题，也是一个经济问题；既是一个技术问题，还是一个管理问题，需要政府政策大力支持、资金的投入与引导，还需要各种运输方式的协调、配合与参与来完成。公共交通的发展、公共交通模式的选择、公共交通专用道的划定、公共交通路权使用的优先、枢纽及站点周边的布局、长途客运与短途公共交通的转换与接驳、公共交通用地的保障与落实等都需要政策上、资金上与管理措施上的大力扶持与引导。大力发展公共交通，推动公共交通全方位、多层次、多元化方向发展，满足不同层次需求，吸引更多的人使用公共交通，营造一个公共交通大力发展的良好社会环境，逐步形成全社会公共交通优先发展的好态势。

1.5.2 本书的特点与不足之处

本书的主要设想在以下 4 个方面。

（1）试图应用经济学的基本原理、系统工程等多种理论原理，对城市交通拥堵及其控制问题进行全方位、多层次、历史发展与现实状况比较系统的探讨，改变以往城市交通拥堵治理中曾出现的"头痛医头、脚痛医脚"的片面做法与努力.

（2）通过调研、收集资料和学习借鉴，在总结归纳许多专家学者研究的基础上，对城市交通拥堵及其控制的概念内涵与由来，对城市交通的缘起与发展、城市交通拥堵的界定与主要类型、城市交通拥堵的产生原因与影响进行了比较系统的归纳与总结。

（3）本书通过以往的学习与调研，从各种理论中对城市交通拥堵及其控制问题依据的基础理论进行了梳理，阐述了这些基础理论对城市交通拥堵问题如何解决的启示，提出了城市交通拥堵问题及其如何控制应该考虑的几个问题，如城市交通安全、交通资源使用利用、交通环境影响、城市交通规划布局以及城市交通需求管理等问题。

（4）在资料收集与调研的基础上，对国内外城市交通拥堵及其控制的总体情况与经验进行了学习与借鉴，提出了我国城市交通拥堵及其控制的模式选择、基本思路与原则、建议的政策与策略，以及城市交通拥堵及其控制应注意的和需处理好的几个问题。希望通过本书的研究，为我国城市交通拥堵及其控制提供一份有重要参考价值的参考报告。

研究和调研中，由于本书组织水平、能力有限，有些设想因资料和数据难以得到，致使本书留下不少瑕疵和不足之处，需要在未来的研究中继续努力加强。主要不足在：

（1）城市交通拥堵及其控制问题的解决涉及面广，是一个复杂而又庞大的系统工程，调研难度比较大，能收集到的资料也有限，有些研究设想也难以实现，一定程度上影响了本书的研究深度与广度。

（2）城市交通拥堵问题的形成有历史的原因（原有城区道路十分狭窄等），也有现实（城市化进程加快、城市人口急剧膨胀、交通需求加大等）的原因，产生的原因十分复杂，交通拥堵问题的解决也绝不是一朝一夕轻而易举地解决的，需要大量细致的研究和探讨，需要政府有关部门理念与行动上（包括有关数据的日常收集与统计、整理、归类分析等方面）的相互配合与协同，需要大量的基础工作和人力物力财力的支撑。

（3）本书第六部分的政策策略中提到的“城市日益增长的交通需求，单纯依靠道路基础设施供给的增加是难以长久为继的。加强交通需求管理，达到交通出行需求减少、延缓、错峰或转移分流的目的”，就需要政府与各个单位结合城市和自身具体情况进行统筹配合与安排。而对私人拥有小汽车，提出的“实行严格的车辆购置拥有控制制度、车辆使用控制制度”，这些制度的出台势必会对社会经济产生一定的副作用，各地实施前应对此策略进行可能造成的正面效益与负面影响进行认真的分析与量化评价，处理好控制与社会经济发展的关系，本书对此并没有深入展开研讨，留待未来进一步研究探讨。

（4）本书提出的政策与策略有的已经在实践中有运用，有的还处于理论探索中，且这些政策策略随着城市社会经济的发展，城市交通需求又会出现新的变化，又将产生新的问题，城市交通问题的解决需要我们持续不断地研究解决。

2 城市交通拥堵及其控制问题的概念内涵与由来

2.1 城市、城市交通的缘起与发展

2.1.1 城市的产生与构成

城市的产生与发展伴随着人类文明与进步而不断演变与发展，是人类社会生产力、生产方式、生产关系发展的历史必然。远古时代，随着人们发明了刀耕火种，农耕时代的逐渐到来，人类由居无定所、散若星辰的生存方式逐渐演变发展成半居住、半永久性居所，最终过渡到稳定定居和集聚，城市的雏形也逐渐形成。那时，城市的作用主要是军事防御和举行祭祀仪式，并不具有生产功能，只是个消费中心。据古代文献记载，“城”一般是指交通要塞的地方，具有军事和战略意义且有防卫围墙的地方。“市”是指商品交换的地方，古有“日中为市，致天下之事，聚天下之货，交易而退，各得其所”。

我国是世界上最早拥有城市的国家之一，有的人认为是夏代或夏代以前，有的人说是商代，有的人说是周代。但无论如何，最早的“城市”就是由于商品交流交换导致人员相对密集齐聚形成了我们现在所说

的“城镇”；也就是说最初的城市集聚，是伴随着人类文明与进步发展起来的，是为了使商品交换变得更加容易（可就地加工、就地销售）而形成的。城市由城市房屋建筑、城市道路和城市居住的居民组成，根据城市房屋建筑的多少、城市道路的拥有和城市人口数量的大小确定城市的规模、城市的布局、城市交通工具和城市道路的数量等。

2.1.2 城市的确定与演变

新中国成立初期，按照国家有关规定：人口 5 万以上，可以予以设立城市。1951 年底中华人民共和国政务院在《关于调整机构和紧缩编制的决定》中明确规定：人口 9 万以上，可以予以设立城市。1955 年 6 月 9 日，国务院首次颁布的《关于设置市镇建制的决定》规定：人口 10 万以上，可以予以设立城市；人口不足 10 万、但属重工矿基地、省级地方国家机关所在地、规模较大的物资集散地或边远地区的重要城镇，确有需要时，经申请批准也可以设市。1986 年 4 月 19 日，国务院批转民政部《关于调整设市标准和市领导县条件的报告》规定：人口 50 万以上的县，驻地所在镇非农业人口在 10 万以上、常住人口中农业人口不超 40%、年国民生产总值 3 亿元以上，可以撤县设市；或人口 50 万以上的县，驻地非农业人口在 12 万以上、年国民生产总值 4 亿元以上，可以撤县设市；这次调整的规定首次将经济指标作为设市建镇的重要依据。1993 年 5 月 17 日，国务院批转民政部《关于调整设市标准的报告》，为较均衡地布局城镇体系奠定基础。这一次设市标准的最大特点是建立了一整套设市的指标体系，根据县的人口密度不同，分为人口密度大于每平方公里 400 人、每平方公里 101 ~ 400 人以及每平方公里不足 100 人三种情况，分别设置了 14 个关于县政府驻地和全县社会经济发展方面的指标，达到这些指标则可以设立县级市。然而，由于各地对城市化理解的偏误，某些县市的设置出现了种种弊端。1997 年国务院做出了“暂停审批县改市”的决定，民政部也随之对撤县设市进行了严格的管理与控制。城市规划部门按照城市人口规模（包括市中心区及近郊区内的非农业人口）把城市分为特大城市、大城市、中等城市、小城市四个等级。其中，特大城市一般指100万以上人口城市；大城市是指50到100万人口城市；中等城市是指20到50万人口城市；小城市是指20万人口以下城市。按照这样一个标准，截止到2015年底（见前面表1数据），我国100万人以上的特大城市为138个，92个50到100万人口的大城市，49个20到50万人口的中等城市；365个20万人口以下的小城市。

2.1.3 城市交通的缘起与发展

城市交通作为一个特殊的物质生产部门，主要由城市道路基础设施与城市交通运输工具两部分组成。城市道路基础设施包括城市市区道路、郊区道路以及道路标志标识物组成；道路又由道路路面、道路路基、地下构筑物、道路高架、道路两旁水道、护栏护坡等组成。在早期的城市交往中，人们大多以步行为主，或者以骑牲畜、人力抬轿作为主要交通工具；货物的移动也主要依靠肩挑人拉等简单的运送方式为主。在车辆出现后，马车很快成为城市的主要交通工具。1819年巴黎街上出现了首辆被民众租赁使用的公共马车，拉开了城市公共交通的新起点，城市公共交通由此诞生。

城市公共交通的产生极大地便利了城市内外的交往，通过城市交通运输的服务，实现了城市内部客货运输的位移，使城市社会生产生活的各个方面能够正常顺利进行，成为城市社会经济发展、人民群众友好往来、精神文明与文化传播的重要桥梁与纽带，具有强烈的社会属性、公益属性和物质生产属性。作为城市重要的基础设施，公共交通是城市社会文明发展、城市经济活动顺利进行、文明文化传播传承的重要前提基础。作为公益事业，它通过客货运输往来联系城市的千家万户，使城市不断地向前发展。

城市交通的形式，主要可分为城市地上交通、城市地下交通，也可分为城市陆路交通、城市水上交通，还可分为城市有轨交通、城市无轨交通或者城市客运交通、城市货运交通。一般而言，城市客运交通是城市交通研究的重点，也是本书研究的重点问题之一。

2.2 城市交通的特点与作用

2.2.1 城市交通的概念内涵与特点

城市交通是城市若干基础设施中的一个重要组成部分，它与城市人口、城市产业、城市规模、城市布局、城市土地使用规划、各种市政公用基础设施、城市投融资管理、城市管理体制与交通运输方式、交通运输需求与交通运输管理等均有十分密切的关系，涉及城市经济、城市法律法规、城市管理、城市风土人情、城市能源与环境等多方面，是城市顺利发展重要基础条件之一，影响着城市的繁荣与发展。

一般而言，城市交通系统主要由三个部分组成：第一部分是由城市道路、桥梁、轨道系统等组成的城市交通道路基础设施系统；第二部分是由城市交通信号与控制装置、道路路牌与标识组成的城市交通控制系统；第三部分是由城市货物运输系统和城市客运系统组成的城市交通运输系统，其中，城市客运系统主要由城市地铁（含轻轨）、有轨电车、公共汽车、出租汽车等公共交通工具，以及由自行车、摩托车、私人小轿车等个体客运交通工具等组成。城市交通系统作为一个动态系统，通过人流、车流、交通流把整个城市有机相连，推动城市发展，为城市建设与发展做贡献！

与其他道路交通一样，城市交通是一个集整体性与社会性于一体，具有基础、公益、经济和适度超前的特殊属性。“要想富，先修路”“道路通、百业兴”，说的就是道路交通要适度超前发展。城市经济的发展离不开城市交通的发展，城市交通的发展不仅仅为城市发展服务，更重要的是与城市社会经济发展要相容；充分认识和掌握城市交通的属性，对保证城市交通及城市交通内部各个环节和谐发展意义十分重大。

一是城市交通发展的适度超前性与基础性、公共性共存。“要想富先修路”，城市的发展也要依靠城市交通的先行。城市交通的先行，为城区内外往来与交流、城区的进一步扩大提供了前提便利的条件；作为城市发展的重要物质基础，城市交通发展的目的不仅仅是为城市服务，更重要的是作为城市的一个重要组成部分，与城市发展相融合。城市依靠交通满足人们生产、生活、学习与往来交流的需要，把城市生产、生活紧紧联系在一起，才能更有效地为城市人们服务。

二是城市交通运输需求的复杂多变与管理的强制性共存。运输产品作为一种衍生需求，其本身极其复杂。首先，运输产品没有实物形态，表现为客货位移；运输完成了，运输消费也就完成了，运输服务也就完成了；运输产品生产与消费的瞬时性增加了运输管理的复杂。其次，运输能力不能贮存、调拨和相互调剂转移导致了城市交通系统运输成本的增高。由于运输产品的生产与消费是同时进行的生产特性，在运输能力需求不足或者运输能力有富余时，运输能力无法贮存也无法相互调剂留作后用或备用，城市交通道路的修筑、运输服务人员的安排、运输工具的配备都只能以城市最大需求来配置，造成了总体成本的增加。最后，城市交通运输需求的复杂导致城市交通的复杂，管理与协调的难度加大。无论是步行或骑自行车，还是乘坐公共交通、摩托车、小汽车等运输工具的乘客，与其他需求相比较，遇到的问题更复杂，呈现的需求也多种多样，需要强有力的管理和控制，对诸如运输价格、运输线路的调整、运输方式的选择在内的敏感问题实行较严格的强制管制与控制，才能更好地维护、满足、协调城市交通的发展。

三是城市交通的投资大、回款周期长且目标多样性特点。首先，作为城市基础设施，城市交通系统与铁路、公路、水运、航空、管道运输系统一样，具有资本密集性特点，投资大、回款周期长、见效慢的特点。城市道路交通的修建一旦投资下去就难以转移与变现。因此，从这个角度出发，城市交通系统的修建必须高度重视城市交通系统需求的预测、城市道路交通的规划与设计、城市交通法律法规的管制与完善、城市交通工具的选择与设计、城市交通能源与环境的使用与相容、城市交通的管理与维护等问题的研究与协调，确保城市交通系统的修建、使用、管理能够有效且有序的高效运转。其次，城市交通系统涉及面广、关系错综复杂，需要运用系统论的观点与方法，合理规划系统的修建、使用与发展，建立起科学合理、协调有序的系统联动、交流、传导、控制、反馈和决策机制，确保系统以及系统内部各个环节、各个部门的良性循环与发展，使城市交通系统的目标多样能实现。

2.2.2 城市交通的基本要素

综上所述，城市交通总体而言，由人、车（或其他运输工具）、道路三个基本要素组成。

（1）城市交通的使用者——人。

城市交通存在的意义是满足人们的使用价值，在满足人们使用价值的过程中创造价值，人成为城市交通存在的第一要素。无论多么先进的交通系统，都由人、车、道路的共同组成。城市交通拥堵的发生在一定程度上也取决于人们的出行行为和作用，人们出行行为越规范，交通拥堵行为的发生可能就越少。规范人们的行为，及时了解和研究人们出行的规律，预测人们出行需求的时段和出行需求的大小，引导人们合理地选择使用交通运输方式与运输工具，防范交通拥堵的发生是其重要一环。

人们出行的目的取决于上下班出行、工作往来、求学需要、购物、娱乐、交友、旅游等需要，上下班出行高峰容易发生交通拥堵，因而需要进行城市交通的规划与疏导；旅游热线城市则需要细心精心安排，错开旅游城市或旅游线路出行高峰时段或线路，尽力减少交通拥堵的发生。

人们出行方式的选择，取决于城市的经济发展与基础设施的总体布局与供给，取决于城市提供的交通运输方式种类与便利，取决于自己所拥有的经济收入、交通运输工具状况和出行的目的与出行距离的远与近等情况。出行距离长，乘坐公共交通工具和小汽车出行相对多；出行距离短，选择步行或自行车出行比例相对较高。从城市公共交通需求情况看，交通运输工具的种类、交通运输方式的安全、舒适、迅速、便利与经济成为人们选择何种交通运输方式或工具的重要依据。从我国城市居民出行方式情况看，我国城市居民出行方式近十余年来发生了很大变化，小汽车的大量拥有增加了城市交通道路的拥挤，成为交通拥堵的一个重要原因；而与此同时，自行车的使用应用在显著下降，出租车的出行在增加。

人们出行的次数与时段反映了人们对城市交通的需求与数量大小。日平均出行次数越多，表明该城市居民对生产、生活的需求程度越高，对交通使用也就越频繁，交通需求也就越高，城市的经济生活也就越活跃，城市的生活水平也就越高。相关调研显示，国内城市日平均出行次数多为 2.0 ~2.8 次/人，国外城市日平均出行次数约为 2.4 ~3.0 次/人。从出行时段情况看，城市居民的出行高峰时段一般多集中在上下班出行高峰时段和节假日休闲购物、探亲访友时段，掌握了出行时间分布，可以做到及时调配运输结构，提高道路运行能力，未雨绸缪，避免或防范交通拥堵情况的发生。

（2）城市交通的运载工具——车。

城市交通运载工具的选择与配备对人们出行意义十分重大。从多数情况看，城市交通运载工具主要有机动车和自行车，包括城市公共交通（公共汽车、地铁、轻轨）、出租车、小汽车（公务小汽车、私家车）和自行车（助力电动车、摩托车）等。毫无疑问，城市公共汽车往来于固定运行的线路地点和起讫地，路况相对熟悉，车道相对固定（或专用车道），具有速度快、容量大、载客数量多、能耗和污染相对少、安全、迅速、便利、成本低廉等特点，成为城市交通的主力军。出租车汽车具有方便、灵活、舒适、随叫随到、“门到门”和全天候等运行特点，满足个性化需求和支付能力较强的需要。自行车属于个体交通范畴，运行距离相对短（一般适宜4～8公里短途距离）、载客容量有限（一般认1～2人为宜），有取车、存车方便、随机骑行便利等特点。因此，从交通工具情况看，城市公共交通具有明显的优势（见表4、表5），是城市交通运输方式的主力军，能够满足城市交通需求发展需要。

表4　城市公共汽车、小汽车、自行车经济技术指标表

技术经济指标＼车种类别	公共汽车	小汽车	自行车
运送速度（千米/小时）	16～25	30～60	10～15
载客量（人/车）	40～90	1～4	1～2
运行占用的道路面积（平方米/人）	1.0～1.5	40～60	12～18
停车占用的面积（平方米/人）	1.5～2	4～6	1.5
耗油比	1	6	——
客运成本比	1	10～12	——

注：本表引自长安大学朱灿阳《城市交通拥堵问题研究》硕士学位论文，2009，5：16。

影响城市交通状况的因素有很多，城市道路状况、机动车保有数量质量、交通条件、交通管理、交通环境、驾驶员技术和天气气候等情况不同，对城市交通的影响也不同。机动车车种多、构成复杂、性能差异比较大，对城市道路使用占有的情况也不同。从机动车角度看，机动车的数量、性能、车况状况等直接影响城市道路的拥堵程度和行驶速度。机动车保有数量越多，使用运用也越多，对道路的需求也越大，在道路条件不变的情况下，造成的交通拥堵的概率也越大；机动车技术性能好、车况佳，发生运行故障可能性就越小，堵塞交通的可能性也越少。自行车使用运用的多少与城市居民需求有关，对道路交通的需求占用和影响与自行车的拥有数量、个人骑行技术、自行车车况、遵守交通规则等具体情况有关。城市拥有的自行车数量越多，造成交通拥堵的可能性也就越大；自行车个人骑行技术水平越高，对自行车的性能掌握情况越好，发生故障抛锚的事件就会越少，对交通道路运行使用的影响就越少，交通拥堵事件的发生就越少；自行车车况状况、使用运用时遵守交通规则的情况越好，城市交通拥堵发生的事件和可能性就越小，对交通运行的影响也就越少。因此，关注自行车使用数量质量，提高个人骑行技术水平，遵守交通相关法律法规和运行规则，是减少城市交通拥堵必须重视的重要环节。

表5　城市公共交通工具技术经济特征表

技术经济指标＼车种类别	大运量快速轨道交通（地铁）	中运量快速轨道交通（轻轨）	有轨电车	公共汽车
单向客运能力（万人次/小时）	3.0～6.0	1.5～3.0	1.0～1.5	0.8～1.2
平均运送速度（千米/小时）	30～40	20～35	14～18	16～25
发车频率（车次/小时）	20～30	40～60	40～60	60～90
运输成本（%）	100	>100	>200	>200
使用年限（年）	30	30	20～30	15～20

注：本表引自长安大学朱灿阳《城市交通拥堵问题研究》硕士学位论文，2009，5：16。

（3）城市交通的基础——路。

城市道路作为城市交通的一个基本构成要素，其总体状况直接影响城市交通中人、车流的运行，是城市生产生活便利与否的重要基础。

《中华人民共和国道路交通安全法》第八章附则第119条规定：道路是指公路、城市道路和虽在某单位管辖范围但允许社会机动车通行的地方，包括广场、公共停车场等用于公众通行的场所。按照这个规定，城市道路是指城市规划区内符合一定的技术规程要求、能够便利车辆、行人通行的道路、桥梁建筑物及其附属设施，包括城市车行道路、人行道及天桥人行道、车站广场、停车场、隔离带、地下通道、跨河桥梁、隧道等构筑物和已经征用的规划红线范围内的道路建设用地[5]。城市道路交通则主要受城市道路路段和交叉路口的交通运行影响，路段行驶状态好，交通拥堵发生概率就越小，道路条件成为城市道路交通的重要影响因素。在不同的社会经济条件、历史形成发展和自然环境状态下，不同的城市有不同的道路系统和道路条件。

从城市道路在城市社会经济发展中的地位、作用看，城市道路可分为以下几种类型：

一是快速道。城市快速道可分为两种类型：一种是为城市公交车等特殊车辆运行而开辟的专用快速通道。这种通道的开行往往是在城市内已有的城市道路上专设，在特殊时段限制其他车辆的进入，防止拥堵情况的发生，保证特殊时段内公众的交通需要；另一种是为城市大运量、长距离、速度快、能够连续为交通运行服务而专门设置的交通运行快速通道。这种交通运行快速通道一般在大城市、带形城市，或以中心城市为原点、向外连接若干距离较短的周边卫星小城市（或城镇），或以城市中心为原点、城市发展以环形状态向外扩展而设置的环形快速通道。这种快速通道一般应严格道路路口及路口两侧建筑物的进出口控制，防止道路路口的堵塞。

二是主干道，又称城市主要交通要道，是城市道路网的骨架，连接城市重要的交通枢纽（国道、省道等）、重要的工矿企业等生产区、重要的集会中心、党政机关、商业中心等场所以及其他重要的地点，以交通功能为主，与城市快速道一起共同承担城市的客货运输任务。当非机动车流量比较大时，实行机动车和非机动车分流行驶，两侧尽量不要设置可能产生大量车流、人流的公共场所或建筑物，以免影响主干道客货交通量。按照《城市道路交通规划设计规范》，人口超过 200 万的大城市，主干道宽度至少应在 45 ~55 米。

三是次干道，又称区干道，是介于城市主干道与支路间车流、人流集散的重要城市道路，连接城市的各个区域、板块，是主干道的重要辅助连接线，与主干道一起组成城市路网骨架，吸引人流、车流，路边有许多重要的公共场所、服务中心与其他建筑物，与许多公交运行线紧密相连，为城市交通服务。

四是支线道，又称为支路、街坊路，是城市道路的重要组成部分，在城市道路中占据很大比重，与城市次干道紧密相连，是城市生活的“毛细血管”，在城市社会经济发展中起着不可或缺、互为补充的重要作用，保障了整个城市的运转。按照《城市道路交通规划设计规范》，人口超过 200 万的大城市，其支路宽度应该设置为 15 ~ 30 米。

从城市道路系统的发展形状或状态看，城市道路系统可分为以下几种状态：

一是方格网状棋盘式道路系统。这种道路系统多被地形平坦的城市采用，方格网状棋盘式系统有利于城市建筑布局，如我国北方有不少城市道路系统就采用这种横是横、竖是竖的道路系统。这种棋盘式道路使得平行方向有多条道路可供选择，交通相对分散，交通拥堵发生的可能性相对减少，其缺点是对角线方向交通联络相对不是很便利。因此，有的城市根据具体情况会适度增加交通对角线道路，解决对角线交通往来的问题，但容易形成三角形街区和复杂的多路交叉口，需要增加路口的交通管理与组织，采取类似规定单向行驶、限制时段通行等办法疏解与缓和城市交通拥堵。

二是环形放射棋盘式道路系统。环形放射棋盘式道路系统多以城市中心向四周扩散，根据需要产生若干条放射线，与以城市中心为圆心、若干环形骨干运行线路相连接，组成环形四面八方的网状式棋盘道路，这里的城市中心可以是城市的中心区、城市广场或城市多条道路汇聚圆盘点。由于放射线的端点一头可能是城市的中心区域，另一头连接城市内外区域，外围交通流量通过放射线如的连接而直达中心区域，容易引起城市中心区域交通流量的拥堵；环形道路的疏解也是需要格外注意的地方，连接疏导不合理也容易引发环形干道与城市岔路辅道与辅道口的拥堵，需要加强交通整体的协调管理与疏导，使城市环形道路与辅道分流有机结合，共同促进城市同心圆向外扩展。我国北京以及世界一些著名城市，如莫斯科、巴黎、伦敦、慕尼黑等都是按照此种道路系统发展的。

三是主轴线形与两侧棋盘式道路系统。有的城市发展受地理位置限制，以一条主轴干道线路为中心，沿主轴干道线路两侧进行城区板块的布局与建设，城区板块内形成棋盘式道路与主轴干道相连接，向两侧延伸发展的模式。我国许多县级市、小城镇道路系统属于此类型。

四是自由或混合式道路系统。从几何图形上看，自由或混合式道路系统无法归结为某种类型格式，而是根据城市的地理地势地貌或城市板块区域分布发展综合考虑建设而成。即使是在同一个城市，其城市区域板块发展内容不同、对交通的需求不同，其道路的修建也有很大不同。城市的道路修建可以是依山而建、依水修路（岸边道路）、依坡顺路、依照需要发展，呈现各种发展模式或人、车分流的交通发展状态。有的采取的是自由随机顺势（是指地理地势和需要）的发展；有的采取的是区域板块的发展；有的是依托若干主干道为纽带，把若干发展区域板块或若干城市区域串联起来，组成一个大城市城区发展，道路两旁的景观、建筑、道路工程等也随着各自需要而丰富多彩、变化多端。道路的宽窄也随势顺势视需要发展，呈现混合式发展道路。板块区域城市道路的发展应该适应城市板块的需要，在城市板块之间设立主干道或快速道，把各板块有机连接成整体。在板块区域之外，寻找适宜的道路发展模式，丰富城市道路内涵。

无论哪种状态，与公路交通相比较，城市道路交通总体而言，呈现以下特点：一是城市道路交通的布局、设计，既要满足城市交通运行的需要、兼顾城市道路两旁的景观、建筑物的建设与发展，又要兼顾城市其他基础设施的建设和非交通运输的要求；二是城市交通运行情况复杂、混合交通相对多、运行安全管理难度也很复杂；三是城市道路交通交叉点多、岔路口多、区间段短、运行速度很难快、运行通行能力相对低，拥堵发生的概率相对大。

2.2.3 城市交通的作用

历史经验告诉我们：城市的形成与发展取决于城市交通的形成与发展，城市的发展又反过来对城市交通的进一步发展提出更高的要求，城市与交通荣辱与共、互为影响；正如德国人文地理学家 F. 拉采尔的著名论断所言：“交通是城市形成的力”，高度概括了交通对城市发展的重要作用。城市交通的根本目的是实现人与物的移动，通过人与物的移动提高城市生活质量，对城市发展产生深远影响，成为城市生活不可缺少的重要组成部分，使城市事业管理、城市企业物质生产、城市人员交流往来、城市工作学习生活更加顺畅与便利，极大地支持与配合了城市的顺利发展，创造了城市交通运输的使用价值与价值，满足了人们生产生活城市交通运输的需要，支持了城市经济发展。具体表现在：

（1）城市交通运输业的发展密切了城市经济的友好往来与沟通，促进了城市人们生活习俗与思想观念的改变。城市交通道路修到哪，交通科技成果与城市发展空间就扩展到哪里，物质文明与精神文明就传播到哪里，城市形象和精神风貌就树立到哪里。城市交通运输业也就成为人类文明与文化传播、信息与技术交流的重要工具与载体。

（2）城市交通运输业的发展为城市经济结构调整奠定了扎实的基础。一般而言，一个国家或地区或城市交通运输状况如何，是衡量该国家、该地区或该城市经济发达与否的重要标志之一。人类历史已经证明：某国、某地区或某城市的交通运输业越发达，覆盖面越广泛，甚至超前于本国、本地区本城市的经济发展，则该国、该地区或该城市的经济也就越发达，技术发展也就越先进，交通运输业与之越匹配，该国、该地区或该城市经济可持续发展状况也就越好，其市场竞争能力也就越大。交通运输条件越好，其带来的便利也就越明显，具体体现在资源的开发与利用、人员与货物的送达、时间节约与有效使用利用、资金及时周转与回笼、生产效率和效益的提高上。因此，交通运输业越发达，经济结构调整与经济腾飞的基础也就越扎实。

（3）城市交通运输业的发展为城市城区的扩大、城市新的经济增长做出了贡献。城市交通运输业的发展，引发了城市交通所需的中间产品需求的扩大与繁荣，并衍生出其他与交通运输业发展有关的产品生产扩大与繁荣，从而推动新的经济增长，带来更多的就业机会与岗位需求，为城市社会的稳定与发展、城市经济效益的整体提高做出了贡献。

（4）城市交通运输业的发展扩大了城市交流的范围与区域，形成新形势下的经济发展点和线，点线结合产生新的城市区域发展面（或片区）。新的城市发展面的出现又引发了新的交通运输需求，从而推动交通运输的新发展，对城市经济发展产生了新的影响与需求。

2.3 城市交通拥堵的界定与主要类型

2.3.1 交通拥堵的概念内涵与理解

交通拥堵是交通拥挤与交通堵塞的总称，交通拥挤与交通堵塞是两个很容易混淆的概念，经常会被误认为是一回事。其实，两者尚有一定的区别和界限。交通拥挤一般是指某一时段内某条运行道路上集聚了过量的车流、道路车流密度过大、造成了车流运行不平稳（车流还处于运动中，但属于运行缓慢中）、不安全、不舒适和低效运行的状态。交通堵塞一般是指某一时段某条运行道路上由于某种原因造成车流停滞运行的现象[6]。

究竟什么是交通拥堵，世界各国尚无一个统一的标准界定。交通拥堵一般多容易在节假日交通出行高峰或上下班交通出行高峰时段或由于某个特殊事件（道路交通事故、户外大型活动、社会治安事件等）的出现产生，随着人流、交通流量的密集增加产生拥堵蔓延，甚至道路堵塞或拥堵不堪。交通拥堵的地点也多往往在路网的关键部位、主干道与交叉路口或汽车使用率高的交通道路上。

对交通拥堵的认定，世界上有以下几种形式可以参考：

（1）美国的认定形式。美国道路通行能力手册中认为城市干线街道上，车速行驶小于每小时 22 公里的城市道路被称为有拥堵车流；美国芝加哥运输部则认为道路上有 30% 以上的车道被占用或汽车出现缓慢行驶状态且等待时间超过 5 分钟，其所对应的交通状态就是交通拥堵；美国得克萨斯运输部认为出行时间超过自由出行条件下的正常发生的出行时间，且产生了较多或较大的延误，而当这个延误又超过了民众普遍能接受的界限时，交通就出现了不可接受的交通拥堵。

（2）日本的认定形式。日本建设省（1994）认为道路上出现了拥堵超过1公里以上或者拥堵等待时间超过10分钟以上的情况就可被认定是出现了交通拥堵。日本道路公团则认为时速小于40公里或者反复停车、启动的车辆连续超过1公里以上，且持续时间超过15分钟以上的交通现象被称为交通拥堵。

（3）我国关于城市交通拥堵的认定形式。我国公安部对交通拥堵路口和拥堵路段的定义是以车辆在道路或路口上排队长度或等候通行信号次数的多少来表述：车辆在没有信号灯控制的交叉路口外行车道上受阻且排队等候的长度超过250米，或车辆在安装了信号灯控制的交叉路口经过三次绿灯却仍然没有顺利通过的现象，可判断此路口为交通拥堵路口；车辆在道路上受阻且车辆排队等待长度超过1公里的状态可判定为交通拥堵路段。

综上表述看，无论何种表述，交通拥堵带来的结果都相同，具体表现在时间上的延误、空间或地点上的拥堵、车速运行缓慢和不平稳等问题上。

2.3.2 交通拥堵的主要类型

城市交通拥堵的情况不同，城市交通拥堵的类型也随之不同。归纳起来主要有以下几种类型：

（1）根据城市交通拥堵发生的路段不同，可分为城市主干道交通拥堵、辅道交通拥堵和交叉路口交通拥堵。一般而言，城市交通拥堵发生的地点路段和时段不同，对城市道路（或区域路网）通行能力的影响也不同。发生在城市主干道上的交通拥堵、重要交叉路口的交通拥堵对交通通行能力影响最大，一旦堵塞往往会迅速蔓延，导致严重堵塞事件发生，对城市主干道、重要交叉路口的交通拥堵的研究意义重大。城市交叉路口交通拥堵的发生，多数是因为行人车流混合，不遵守交通规则、红绿灯信号显示出现障碍造成混乱、偶发交通磕磕碰碰事故或其他不可预测原因造成，而交叉路口由于连接的各个方向车流量不同，一旦发生交通拥堵容易导致交通失控。因此，加强城市交叉（平交道）路口、特别是重要交叉路口的防范事关重大。

（2）根据城市交通拥堵发生的时间不同，可分为偶发的或常发的交通拥堵。一般而言，通常情况下，城市交通的常发交通拥堵容易发生在人们出行的上下班高峰时段，由于高峰时段密集的交通需求造成的交通拥堵容易随着交通需求流量的持续增大而迅速蔓延，产生的延误与影响难以估量，对其进行防范、增加事前预警、探寻发生规律、进行及时处置与控制十分重要。偶发交通拥堵多由于不可预见事件，如突发交通事故、车辆不正当停顿或者出现运行障碍、道路设施临时维护、天气突变（雨、雪、冰、雾）等引发的延误或拥堵，时间规律难以掌控，发生地点也难以预测，而一旦发生也同样会造成交通拥堵与延误，对其处置则只能根据发生时的现场组织救援、疏解、协调和指挥，进行相应的处理与防范，使交通拥堵损失最少。

（3）根据城市交通拥堵形成的先后顺序不同，可分为始发（原发）的交通拥堵和诱发的交通拥堵。在城市交通运行过程中首先形成的交通拥堵的现象，被称为原发或始发交通拥堵。原发或始发交通拥堵一般容易在交通“瓶颈”处或突发事件发生的地点产生，交通“瓶颈”处的交通拥堵比较容易寻找规律，增加提前的预警；而突发事件发生地点则难以预测和掌控，只能根据当时发生情况来处置。由原发或始发交通拥堵回流蔓延而引发或诱发的新的交通拥堵被称为引发或诱发式交通拥堵，如前方交通拥堵引起的后方跟进车流的慢行堵塞，导致了与之相连的若干道路拥堵就可称之为引发或诱发式交通拥堵问题。

（4）根据城市交通拥堵发生的程度不同，可分为轻度、中度、严重城市交通拥堵。例如公安部《城市交通管理评价指标体系》中用城市主干道上机动车的平均时速来描述城市主干道路的交通拥堵情况[7]：当主干道机动车平均时速超过 20 公里但低于每小时 30 公里时，被判断为轻度交通拥堵；当主干道机动车平均时速超过 10 公里但低于每小时 20 公里时，被判断为中度交通拥堵；当主干道机动车平均时速低于 10 公里时，被认为是严重交通拥堵。

2.3.3 交通拥堵遵循的规律

一般而言，交通拥堵的现象并不是任何时刻、任何地点都会发生。交通拥堵究竟是如何产生的，它的演变发展规律是什么？从调研资料和有关研究看，虽然世界各国对交通拥堵的概念理解与表述各有差异，但其本质规律却相同：交通拥堵多发生在城市交通“瓶颈”路段或“瓶颈”交叉路口、“瓶颈”环线连接线上，“瓶颈”现象发生，拥堵状况也就必然存在。某个城市某个“瓶颈”路段或“瓶颈”交叉路口出现规律性或经常性堵塞，对“瓶颈”的改造也将发生，人们或新建或改扩建以改变拥堵状况，产生了著名的交通经济学中的“当斯定律”（Downs Law）。

“当斯定律”的主要内容是：新建的道路设施会诱发新的交通量，而新的交通量诱发出新的交通需求，不断诱发的交通需求总是倾向于超过交通供给。也就是说，瓶颈路段（或路口）条件一旦改善，就会引发或诱发新的交通需求；新的交通需求又可能导致新的交通紧张与拥堵。这些新的交通需求主要表现在：一是原先只从其他线路行驶的交通流量，由于瓶颈路段或路口的改善而转移到该路段或路口造成新的交通需求；二是原来只在其他时间段产生的交通流量，也会由于该瓶颈路段或路口的改善而在相同时间内集中出现在该路段或路口造成新的交通需求；三是原本乘坐公共交通的人，也可能会由于该瓶颈路段或路口的改善，转而驾驶汽车出行而导致新的交通流量的产生造成新的交通需求。

因此，在这样一个基本规律的情况下，交通拥堵与交通设施会出现一个矛盾调和、又有新的矛盾产生新的调和过程，出现了“交通拥堵—交通设施增加—交通拥堵缓解—更多的交通需求产生（原有的、转移来的、诱发新的）—交通出现再次拥堵—交通设施再次改造—交通拥堵再次缓解—新的交通需求又有产生……”的交通循环过程。从这个角度来看，依靠增加交通设施缓解交通拥堵的收效甚微。显然，单纯依靠交通基础设施的不断改善，对交通拥堵问题的解决也只是暂时的缓解，必须寻找其他更为有效的解决办法或者选择多管齐下的政策。

2.4 城市交通拥堵发展的历程与影响

2.4.1 城市交通拥堵发展的简要历程

我国城市交通拥堵发展的历程按发展时期不同，可分为以下四个阶段：第一个阶段为新中国成立前期（1949 年以前），第二个阶段为新中国成立初期至“文革”前（1949 年至 1966 年），第三个阶段为“文革”时期（1966—1976 年），第四个阶段为改革开放以来至今的发展。

第一个阶段，城市市民的出行主要依靠马车、自行车、人力三轮车、电车和汽车来进行，交通拥挤现象主要表现为行人、马车、自行车、人力三轮车、电车和汽车对道路需求的争夺上。

第二个阶段，本着“少花钱、多办事”的原则，各地开始大规模进行基础设施建设，许多道路有计划有重点地改扩建和恢复畅通，道路条件明显改善，车速稳定而畅通，公共交通迅速恢复和发展，基本满足了当时的社会经济发展、城乡物资交流和人员往来交通需要，交通拥堵少有发生。以北京为例，北京在新中国成立以后至 1955 年，共修筑各种道路 682 公里，比新中国成立前原有铺装道路增加了 2.6 倍；整修城区胡同土路 80 条，极大地方便了居民的出行与生活。城市公共交通的恢复，使城市公交乘坐人次大幅增长，每人每年使用公交出行的次数也由 1949 年的 17 次增加到 1955 年的 96.4 次，净增长了 4.67 倍；城市公交营业线路也由 1949 年的 71.7 公里上升到 1955 年的 403.65 公里，净增长了 4.63 倍[8]。1956—1966 年，北京的城市道路有了进一步的发展，许多主要交通要道被贯通，如西单至复兴门路段被打通，东单至建国门的干道被修建，天安门广场进行了改扩建，极大地便利了城市东西往来的交流与沟通。城市公共交通也得到了迅速地发展，国产的无轨电车逐步取代了旧式的有轨电车，1966 年城市公共交通运营车辆总数达到 1582 辆，是 1956 年的 2.35 倍，净增长 1.35 倍；客运乘坐人次达到了 84580 万人次，是 1956 年的 2.2 倍，净增长 1.2 倍[9]。

第三个阶段为“文革”时期，这十年我国各个方面深受影响，城市交通发展也面临着尴尬状态。道路建设资金比例下降，建设标准普遍偏低，道路宽度大多偏窄，道路面积增长缓慢，有的道路竣工通车后不久就面临拥挤不堪。为减少拥堵，政府鼓励市民使用自行车出行，自行车成为人们重要的出行代步工具之一。我们也以北京为例，城市道路建设缓慢无序，且普遍被规划为 9～12 米宽，人流、车流（指机动车）、自行车流混合在一起，带来的直接后果就是道路狭窄，改扩建工程进展难。而与此同时，机动车、自行车的保有数量不断增加，但道路面积增加却很缓慢。1975 年，北京市机动车比 1965 年净增加 35047 辆，是 1965 年的 2.27 倍；自行车数量也比 1965 年净增加 1290806 辆，是 1965 年的 2.38 倍[10]，而道路面积的增长却很缓慢，年均增长率仅为 2%。

第四个阶段，改革开放以来，由于经济的迅速恢复与发展，特别是四个现代化的建设和经济体制的改革，促使我国工业化、城市化进程加快。目前，交通出行需求和交通基础设施供应的矛盾日益凸显，且随着城市规模的扩大和城市人口的不断上升，城市交通覆盖面越来越宽，导致城市交通需求的压力越来越大。城区之间的客货往来和异地人口的不断涌入，上下班高峰时期产生的大量往返交通问题等，使交通问题越来越多城市交通需求显著增加，拥堵现象不仅在大城市、特大城市常常发生，且有向城市郊区蔓延的趋势，现在连一些原本不堵塞的地级县市等中小城市，交通拥堵也开始不断增加。

首都北京不仅在城市中心地带、主干道上常常发生拥堵，高峰时期“二环”主干道上机动车流量每小时多达 11000 多辆，“三环”主干道上机动车交通流量则高达 14000 多辆；“三环”路以内有 80 多条主干道路交通流量达到了饱和或超饱和状态，约占“三环”内主干道的73%，而且在距离中心地带比较远的“五环”“六环”也常常发生交通堵塞。上海作为国际化的金融贸易往来重要城市，其中心区内高架道路、“三纵三横”等干线道路交通流量也大大超过其设计通行能力。广州市内主要路口交通流量早已超饱和，高峰时段在延长，南北过江隧道、东西交通走廊日均交通流量增长十分迅速，早晚高峰则更加拥堵，出门难、乘车难，导致抱怨声不断。而中小城市私人小汽车、出租车、摩托车、电动助力车等爆发式增长，早晚出行高峰，在一些重要的路段、干线、交叉路口，拥堵现象也常常发生，往返时间也在延长。据温州市2005年9月有关路段抽样调查，该市城区主要干道平均每小时车速不足20公里，城市中心区域50%以上的道路高峰时段路段饱和度已高达95%，全天这些路段全天的高峰饱和度已超过70%，拥堵时时在眼前。

2.4.2 城市交通拥堵产生的影响

交通拥堵的影响表现在城市生活的各个方面，出行者时间的损失与延误，出行者出行费用的增加、支出的增大，给社会生活带来了诸多不便，也造成了一些资源上的浪费。

(1) 城市交通拥堵影响了人们正常的工作与生活。堵车已经成为人们的心病，挥之不去、欲说无言，给出行者带来了极大的不便。原本半个小时车程的距离却耗去一个多小时成为常态；不到5公里的车程，堵车增加的车费就多花去20多元；拥堵使得时间延误、焦虑烦躁甚至心理失衡，生活质量和工作效率下降。

(2) 导致城市交通拥堵加大了城市环境污染，生存环境被改变。交通拥堵造成的直接后果是道路上大量汽车的滞留，汽车尾气排放的增加，使交通噪声增大加重了大气污染。汽车尾气的排放导致大气中一氧化碳、二氧化碳以及其他可吸入颗粒物等有害气体的增多，当有害气体达到一定的浓度后则直接影响城市的空气质量和生活质量。城市交通造成的环境污染已经使得城市空气整体变差；城市道路上汽车频繁的怠速也是城市空气变坏的重要原因之一，成为重要的城市污染源。例如，英国伦敦在20世纪90年代初对城市空气进行了检测，发现城市空气中74%的氮氧化物是与汽车运行使用有关，汽车的怠速、减速、缓加速，以及运行过程中产生大量的尾气排放，是重要的污染源之一。据其他有关调研，2007年全球交通用油量占石油总消耗的61.2%，其使用过程中产生的二氧化碳占据全球温室气体排放量的30%以上，交通运输已经成为能源消耗和碳排放较多的部门之一[11]。不良的空气使得人居环境遭到破坏，城市空气质量变差，城市热效应相应增加，雾霾天气增多，干扰了城市居民的生活，对人类生存和可持续发展带来了严重的挑战，如市民长期处于这样一种生活环境，其身心健康容易受到危害，增加心脏、呼吸系统疾病的患病风险，社会运行效率下降。

（3）城市交通拥堵带来了交通延误率，使行驶速度下降。世界许多国家都不同程度受到交通拥堵的困扰，交通拥堵已经成为一个国际性难题。据统计，美国城市及洲际之间的高速公路一半多遭受严重阻塞；日本东京高速公路拥堵严重的路段，拥堵的时间曾经长达17个小时，拥堵路面长达10公里[12]。据统计，我国70%以上的城市交通在高峰时段出现拥堵，主/次干道车流缓慢，大面积、持续时间长的拥堵在明显增加。人们在路上遇到交通堵塞的路段越来越多，等待的时间越来越长，被堵塞的道路也越来越多。机动车平均运行速度在特大、大城市越来越慢，平均速度只有每小时12公里；在交通拥堵非常严重的城市中心，机动车运行速度每小时低于10公里；开车不如骑车快（普通自行车的时速一般在15公里左右）成为现实。市民上下班出行时间普遍延长，交通拥堵产生的影响已经严重制约了我国城市的快速发展。由于行驶速度的限制，汽车的许多设计性能在实际应用中难以发挥，无形中产生了新的浪费，汽车实际驾驶速度在使用中通常不到设计速度的1/3。2006年，“中国城市畅行指数报告”指出：中国城市畅行程度受评得分为54.1分，未达到及格线[13]。畅行工程随着时间的推移没有得到明显改善，城市交通拥堵更加严峻且在蔓延。姑且不论这种状况如何，但此结果在一定程度上反映了我国城市交通拥堵的困境和普遍性，交通拥堵导致整体效率难高。

（4）城市交通拥堵导致了能源消耗增加，加大了经济损失和社会成本。汽车在整个行驶过程中停车、等待时间的延长，不仅使工作效率降低，而且燃料消耗增加，经济损失加大[14]。据美国得州运输研究所对美国39个主要城市的研究，美国每年因交通拥堵带来的经济损失约410亿美元，其中排名前12位的特大、大城市每年的经济损失均已超过10亿美元。日本东京每年因交通拥堵造成的经济损失高达123000亿日元。欧洲每年因交通事故、交通拥堵造成的经济损失分别达到500亿欧元、5000亿欧元[12]。据不完全统计，我国因交通堵塞造成的经济损失每年约为2000亿元人民币[15]。北京市人大代表、中国社科院数量经济与技术研究所张国初代表在分析北京城市交通拥堵时认为：北京交通拥堵造成的损失，如果每天以两百万人乘车计算，拥堵造成的社会成本每天就高达4000万元，一年365天计算，损失就高达146亿元[16]。此外，交通拥堵还引发了交通管理和排污成本的增加。为了疏导交通拥堵，不得不增加更多的交通管理人员、更多的交通岗亭与信号等设施，延长交通管理工作人员的工作时间。为了排除污染，我们必须增加投入治理，这些额外的成本最终都是由整个城市或者社会来承担的。造成了巨大的经济损失，减少了社会总剩余，从而也降低了社会的总体经济福利水平。

（5）城市交通拥堵导致交通事故增多，使死亡人数增加。据统计，目前全世界每年死于交通事故的人数为25万人，受伤人数为1000万人。我国道路交通事故死亡人数已经超过7万人，受伤人数达到20万人以上[17]。而交通事故的增多又造成新的交通阻塞，形成恶性循环。交通拥堵已经成为国内外广泛关注的社会问题，严重影响了社会经济的顺利发展。

2.5 城市交通拥堵产生的原因

交通拥堵的产生原因，仁者见仁、智者见智。从经济学角度看，交通拥堵主要是由于交通需求超过交通供给、交通道路资源有限稀缺所致。从现实情况看，造成交通拥堵的原因很复杂，每个城市的具体情况不同，产生交通拥堵的原因也不尽相同。总体而言，交通拥堵的原因主要有以下几种。

2.5.1 城市功能设施不配套，交通拥堵难避免

从城市总体情况看，由于历史的原因，我国许多城市布局基本上都是在高度聚集的有限区域内发展，高度集中的城市中心或分散组团但功能设施不配套的城市发展，比较单一的城市中心结构，造成了城市人口和工商业活动高度集中在一个相对集中的区域，难以避免地产生了中心区人口密度过高、工业企业过多、工业区与居民区混杂交错等问题，客观上造成了交通、能源、环境等多方面的压力，导致了交通拥堵难避免。

虽然近十余年已经我国在注意改变，但其基本格局却非短期能够改变，甚至出现了另外一种景象：有的以城市中心为源点，“摊大饼”式的发展，城市面积越来越大，道路越修越多，但中心区域难以改变，交通堵塞照样存在；有的在城市规划发展中采取分散组团式和多中心区域发展，但由于城市功能和服务的配套设施滞后，其作用发挥的不尽如人意，分散作用难显现。我们仍然以北京为例，北京市作为一个 1878 万人口（数据截至 2015 年底）的特大城市，其各种活动区域却主要集中在四环以内 1000 多平方公里范围内，国家党政机关、北京市委市政府、各大部委、重要的商业基础设施、大量的企业学校等均集中于此，必然引发人流、车流、交通流的高度拥堵和膨胀。

2.5.2 路网结构不合理，交通拥堵成必然

从城市道路供给情况看，道路长度和路网密度不合理，导致了交通拥堵成必然。长期以来，我国城市道路人均面积一直处于世界较低水平，虽然近十多年来各级政府筹措巨额资金用于城市交通建设，但城市交通建设的发展仍然难以满足城市人口和城市机动车辆迅猛增长引发的需求。我国城市道路路网结构不合理，城市道路建设总体水平偏低，道路供给条件差，影响着城市交通的运行与发展。与国内外城市发展要求相比较差距仍然大。目前，我国大中城市的道路长度和道路网密度普遍偏低，未达到国际标准推荐值的下限，与国外以小汽车为主要出行方式的城市相比较差距明显。从相关统计资料数据看，美国华盛顿道路面积是城市面积的 23%、纽约为 35%、法国巴黎为 24%、英国伦敦为 23%；而我国北京为 13%、上海为 9%、天津为 6%。人均道路面积，纽约为 28.5 平方米、芝加哥为 46.2 平方米，而我国截止到 2015 年末（数据来自中国统计年鉴 2016 年），北京为 7.62 平方米、上海为 4.27 平方米、重庆也仅为 12.05 平方米。这样的道路网络状况既不符合世界城市发展的规律，远远低于发达国家人均 20 平方米的水平；也不符合我国建设部颁发的“城市人均道路面积应在 12 平方米以上”的现代化城市标准建设要求。

为改变这种被动局面，近十多年来，我国城市在交通基础建设上投入了大量的人力、财力、物力，取得了长足进步。但由于交通基础设施的建设周期长，投入资金需求大，建设速度仍然无法满足日益增长的交通需求，全国城市道路里程的年均增长率仍然远远赶不上各种车辆 5% ~10% 的年均增长率。随着客、货运量和机动车保有量的增长，交通拥堵也成必然。

2.5.3 源头规划系统不配套，交通拥堵“畅梗阻”

从城市路网情况看，道路用地紧张、源头规划不合理、路网系统不

协调，导致了交通拥堵“畅梗阻”。按照我国城市规划人均城市建设用地的控制指标约为100平方米计算，我国许多城市人均用地处于紧张状态，目前城市人均建设用地多在50~80平方米，用地缺口高达20%~50%。城市用地的紧张，导致城市交通用地的紧张，因而交通密度远比发达国家城市交通密度大。一方面，许多城市热衷于城市房屋建筑建设，对道路交通与交通规划却考虑甚少，甚至没有完整的交通规划，相当一部分大中型城市公共建筑物或重要场所，人群密集地停车场所缺乏，人行道路用地狭窄，源头规划不合理，土地使用不配套。有的城市房地产上去了，交通问题随之也来了，区域交通拥堵产生了。另一方面，有的城市用地面积不断扩大，城市居民出行距离增加；而与此同时，城市路网规划、城市土地使用利用却没有与之对应匹配，城市交通运营力量配置相应滞后，城市居民出行的难度增加，原有的交通负荷也增加。相当一部分城市由于历史原因，在早期建设进程中缺乏科学规划，道路布局不合理，路网级配不协调，干线与干线之间、干线与支线之间、支线与支线之间不匹配，造成了“畅梗阻”，通行能力不足，致使主干道、主干道与次干道、主干道与支线道的交通拥堵与不协调，势必形成因源头上缺少科学合理的规划而引发的交通拥堵。

目前，不少城市虽有交通规划，但许多城市对主干道的建设高度重视，对次干道，特别是支线、辅助线、连接线、交叉路口等城市网络节点，网络支线建设重视程度相对低；对城市快速道、主干道、高架桥或轻轨、地铁建设高度重视，对停车场、加油站、人行道、换乘站等交通辅助设施的建设与服务考虑却相对少。按照国际通行的标准，城市停车位综述应该是汽车保有总数的1.3倍，还要与之配套有0.3倍的社会公共停车泊位。而我国现实情况是城市停车位与机动车保有量之比相差悬殊，平均之比仅为1∶0.16，远远低于国际标准，停车位的不足造成大量的车辆无处停放或随意停放[18]，引发城市交通的拥堵，城市交通路网功能级配相对差。

一方面，主干道、重要地点的城市道路堵塞往往相当严重；而另一方面，次干道或其他线路的使用利用却相对较低。还有很多情况是主、次干道与支路、岔口配套比例不协调，主、次干道的过渡或衔接路口、路段通行能力低，引发交通堵塞时有发生。交通拥堵问题的产生主要是由于主次干道不协调、出行需求对交通资源过度或不充分或不恰当的使用利用造成。如首都北京，采取单中心、摊大饼式的发展，一环、二环、三环、四环一直到六环，由于历史的原因，主要商务区、金融区、行政区都集中在三环以内，形成了典型的“潮汐式”交通出行。而二环以内的区域只占全市总面积的6%，却承担了全市30%甚至30%以上的机动车交通量。

从作为我国金融中心的上海城市交通运行情况看，城市中心区域22%的主干路却承担了该区域交通流量的69%。交通流量的过于集中，导致了城市道路的“畅梗阻”，交通拥堵难以避免。而与此同时，占中心区域道路长度64%以上的支小道路网络承担的交通流量却不到25%[19]，交通流量的分布显然不合理，交通系统整体运行效率差，交通合理规划与分流疏导引导水平亟待改进。

2.5.4 城市公共交通资源配置不合理，交通拥堵难控制

从城市公共交通供给情况看，城市公共交通资源配置不合理，交通需求增长快，导致了交通拥堵难控制。城市交通结构主要是指城市公共交通与非公共交通（主要包括城市私人小汽车、出租车、自行车等）工具的数量与所占比例大小。公共交通越发达，居民出行越便利，城市交通拥堵就越少。城市私人小汽车、出租车数量越多，对城市交通道路需求可能就越大，发生拥堵事件的概率就越高。城市交通的存在就是要满足人们工作、学习、生活、娱乐与购物等地点分离所引发的交通需求。从这个角度出发，城市交通结构合理与否主要是看城市公共交通的提供方式是否合理。

从现实情况来看，一方面，我国许多城市由于各种各样的原因，对城市公共交通的作用认识不够，城市公共交通的供给提供占出行需求比

例小，无法满足迅速增长的交通需求。

表 6　我国部分城市或地区公共交通对比情况表

城市或地区	公共交通车辆运营数（辆）		2015 年公交运营数比 2006 年增长（%）	公共交通客运总量（万人次）		2015 年公交客运总量比 2006 年增长（%）
	2006 年	2015 年		2006 年	2015 年	
全国	315576	502916	59.36	4659247	8454295	81.45
北京	20489	28311	38.18	468225	738384	57.70
上海	18113	20328	12.23	339604	561650	65.38
天津	7581	12245	61.52	95631	185813	94.30
河北	12048	18927	57.10	120091	187208	55.89
辽宁	18000	22358	24.21	336734	434710	29.10
江苏	22122	38598	74.48	310467	547694	76.41
河南	12876	22063	71.35	162167	257070	58.52
广东	23566	58747	49.29	167928	1081937	544.29

注：表中数据来自《中国统计年鉴 2006 年》《中国统计年鉴 2016 年》。

以表 6 数据为例，2015 年与 2006 年相比，全国公共交通车辆运营数增长为 59.36%，而同期公共交通客运总量数量增长却达到 81.45%，高出车辆运营数增长 22.09 个百分点。具体省市情况看，存在的问题也不容乐观。仍见表 6 数据，北京、上海、天津三个城市公共交通车辆运营数增长分别是 38.18%、12.23%、61.52%，而同期城市公共交通客运量增长却分别达到 57.70%、65.38%、94.30%，客运增长率是客运车辆增长率的 1.51 倍、5.35 倍、1.53 倍；表 6 中的其他省份情况也基本如此，过快的城市公共交通需求增长带来的必然是交通拥堵。

另一方面，城市公共交通资源如何配置，才能满足人们由于消费水平的提高，相关部门对乘车环境、乘务条件改善需求却关心甚少，对城市公交线路如何优化、公交网点如何配置设置等问题研究不够。公交线网密度低，车辆档次整体不高，车辆数量分布有限，公交站场基础设施十分简陋，大容量、快速运行公交车数量仍然相对少，导致了城市公共交通作用有限。近些年来虽有不少大中城市已经选择修建大容量的轨道交通解决交通需求增长过快问题，但轨道交通由于投资大、建设周期长、形成网络难而在短期见效慢，城市公共交通的提供方式亟待改变。

2.5.5 私人机动车增长迅猛，交通拥堵更加剧

从城市私人拥有的机动车情况看，城市私人拥有小汽车、摩托车增长迅猛，导致了交通拥堵更加剧。随着我国经济的迅速发展，人民生活水平的不断提高，小汽车进入家庭增长势头十分迅猛，摩托车数量猛增，自行车家庭拥有率却在下降，数据见表7。

表7 全国及部分主要城市私人汽车拥有情况对比表

城市或地区	2006年私人拥有汽车数（万辆）		2015年私人拥有汽车数（万辆）		私人拥有汽车数2015年与2006年增长比	
	总数	其中：小汽车、微型车	总数	其中：小汽车、微型车	总数	其中：小汽车、微型车
全国	2333.32	1756.18	14099.10	12700.07	604.25	723.16
北京	176.24	161.17	439.33	424.31	249.28	263.26
上海	50.94	48.12	208.65	207.35	409.59	430.90
天津	54.82	46.49	234.68	213.65	428.09	459.56
河北	163.88	121.86	978.65	872.07	597.17	715.63
辽宁	75.03	59.73	478.94	434.69	638.33	727.39
江苏	148.37	128.35	1070.12	1020.16	721.25	794.83
河南	105.59	76.70	836.73	750.39	792.43	978.34
广东	303.25	222.37	1292.68	1176.42	426.28	529.04

注：本表数据来自《中国统计年鉴2007》《中国统计年鉴2016年》。

表7数据显示：全国私人汽车拥有量2015年为14099.10万辆，比2006年增加11765.78万辆，增长率为604.25%；小汽车、微型汽车2015年与2006年相比，十年净增加10943.89万辆，净增长达623.16%。北京、上海、天津三个城市十年私人拥有汽车数大幅增加，

其他省份也是成倍数增长。北京在各种严厉管制、单双限号、车牌摇号取得的情况下，仍然增长了249.28%，其中小汽车、微型车增长比例为263.26%。其他省份私人拥有汽车数增长比例最低的也达到409.59%，小汽车、微型车增长最少的也高达430.90%。城市居民家庭每百户拥有摩托车（含电动助力车）数量也在迅速增加，数据见表8。表8反映了全国及部分城镇居民家庭平均每百户2015年与2006年拥有摩托车的情况。与2006年数据对比，十年来全国每百户城镇居民家庭平均拥有摩托车数量净增长43.20辆，除广东省该数据有所减少下降外，其余省市均处于较大幅度增长时期，大量的摩托车使用既导致空气、噪声污染的加大，又产生了较大的能源消耗与交通安全风险，交通安全隐患也加大。

表8　全国及部分城镇居民家庭平均每百户摩托车拥有量对比表

城市或地区	2006年	2015年	2015年与2006年相比增减情况（%）
	摩托车（辆）	摩托车（辆）	摩托车
全国	25.30	68.50	+43.20
北京	6.13	21.80	+15.67
上海	2.81	54.60	+51.79
天津	6.27	41.00	+34.73
河北	31.96	87.90	+55.94
辽宁	7.09	23.60	+16.51
江苏	26.77	125.90	+99.13
河南	27.70	115.90	+88.20
广东	72.24	60.30	-11.94

注：表中数据来自《中国统计年鉴2007、2016年》，且数据包含电动助力车。

2.5.6　交通管理基础弱、难度大，交通拥堵管控难

从城市交通管理情况看，交通管理设施落后，智能化水平低，导致交通拥堵管控难。从调研情况看，总体上我国城市交通的管理水平仍然

不高，多数还停留在按照原有经验朝令夕改随意变化或更改交通规则导致道路使用不科学，管理设施相对落后，管理理念相对缺乏的局面。由于相关部门通力合作、积极联动的氛围尚未形成，交通管理科学化和智能化水平亟待提高，具体表现在：

（1）由于历史与现实原因，我国许多城市交通现代化管理设施少，交通管理控制相对难。许多城市道路路口信号灯普及率低于50%，绝大多数城市没有进行信号联动控制。以北京为例，北京作为我国管理控制做得比较好的城市，其城市交通管理控制中心控制的交叉路口数也仅为日本东京的3%，人行天桥也仅为东京的4.8%，地下人行道也仅仅是东京的5%，交通标志虽有显著增加，也仅为东京的15%，差距仍然不少。2010年1月，北京成立了城市智能交通管理指挥控制系统，“一个中心，三个平台，八大系统”为基本框架，171个应用子系统，实现了在综合检测、交通控制、指挥调度、信息服务、闭环执法五大方面的重大突破。虽然北京市路网综合通行效力提高了15%，但交通管理与控制难度仍然大。

（2）城市交通管理协调难。城市交通管理涉及城市的许多方面、许多部门，客观上需要各个部门的统一协调和通力配合。由于人为地条块管理的分割，多个部门存在多头管理，多头管理涉及的就是各个部门的相关利益，协调起来非常困难，制约着城市交通的有序发展。

（3）城市交通管理的基础设施缺乏科学合理的规划和设计，配置不合理或不到位。城市交通管理指挥中心现代化建设水平还不高，指挥中心的作用没有得到充分的体现，城市交通的协调难上加难。

（4）城市智能化水平低。在智能化城市交通建设中，我国也只是刚刚处于起步阶段，许多城市城区信号控制仍然采用的是单点控制方式，难以与相邻街区道路路口协调，更没有交通信息检测功能，智能化控制水平低。五是城市交通管理过程中部分交通执法人员水平低，遇事不注意方式方法，存在重处罚、轻管理教育疏导，方法比较简单生硬，常常矛盾还没有化解或解决，又造成了新的交通堵塞。

2.5.7 交通法规意识仍不高，交通淤积堵塞问题多

从城市居民整体素质看，国民素质、交通法规意识和时代发展不相称，违章行驶事故摩擦相对多，导致交通淤积堵塞问题多。“文明交通、畅通出行”，需要每一个人自觉遵守和参与，需要全体城市居民的共同努力和维护，减少道路网络上的“畅梗阻”，确保出行的便利。然而，现实情况却往往不是如此。

在日常生活中，我们经常看到这样那样事情的发生，迅速演变成交通拥堵。例如，城市繁华热闹街区或路段，经常被摆摊设点挤占，导致机动车、非机动车与行人互相挤占道路，形成混合交通，道路通行能力下降，严重时发生混乱堵塞。更令人无语的是，越是容易堵塞的地方，商贩小摊就越是云集，交通状况就越是混乱。又如，各中小学、幼儿园所在街区门口最容易发生交通拥堵，每天孩子们上下学时间段的前后，家长们就围在学校门口，三个一群、五个一堆，很容易发生交通拥堵现象[20]。

近些年来，政府在交通法规、交通相关知识宣传上做文章，努力提高市民的交通法规意识和综合素质，但一些不文明、不道德、不遵守交通法规的现象却常常发生，安全意识和法治观念淡薄。行人、自行车违章横穿街区街道、擅闯红灯、违章抢行；出租车、中巴车随意载客、随意停放；机动三轮车、摩托车违章驾驶、违法占道、路边擅自停放；私人小汽车随意穿行与变道等等现象常常发生，道路实际通行能力下降，交通事故摩擦增多，一件小小的事情就可能导致全线交通淤积堵塞。根据相关调研，近1/3的拥堵是由于交通参与人违章引发的。

此外，城市大规模建设、交叉路口的设计缺陷、交叉口的信号配时不合理，红绿灯的转换不恰当、车道划分的不合理、机动车与非机动车的相互干扰，导致行车线路不畅，也是造成交通拥堵的重要原因，同样会导致城市交通堵塞问题的发生。

3

城市交通拥堵及其控制问题依据的基础理论与启示

城市交通问题是人们现代生活中令人头痛的问题，影响着人们的生产和生活。城市交通拥堵问题的解决，是一个系统工程，需要系统的理论思维和指导，各国都在积极研究与探索解决拥堵问题的理论与方法，厘清它们之间的关系，找准努力工作的方向。

3.1 公共管理理论及对城市交通拥堵问题解决的启示

3.1.1 公共管理理论的本质内涵与理解

（1）公共管理的概念内涵与本质。

公共管理（Public Administration）是对公共事务的管理，公共事务是公共管理的起点。这里的“公共”，是指社会大众，“公共管理”顾名思义是指社会大众的事情需要社会大众来管理；“社会大众来管理”具体落实到由社会大众公认的、代表社会大众利益的组织来办理。从这个角度出发，公共管理需要一种能担负起社会公共管理职能的组织来承担，公共管理也成为社会公共管理组织的一种职能。代表社会大众需要的公共管理以社会公共事务为管理对象，而社会公共事务的具体内容包括公共资源、公共项目和社会问题等诸多方面。

公共资源主要包括三个方面：①一定区域内（如一个国家或一个地区范围内，以下同）人们可以享用或受益的公共基础设施，如城市道路、桥梁、交通标志、路灯等。②一定区域内人们可以共同享有或享用的公共信息资源，如城市道路交通信息、城市公共交通出行信息、城市经济社会发展信息等。③一定区域内成长起来的最宝贵、最活跃的劳动力、人才资源，即人力资源。公共项目主要是指由公共管理机构依据社会经济发展的不同阶段不同需求所确定需要完成的社会经济发展所需要的各项任务，这些任务就是一个个各种各样具体的公共项目。因此，公共项目成为公共管理中最直接的对象。

社会公共事务中的社会问题内容相当广泛，任何社会任何时代都有需要面对的社会问题。解决了一个社会问题，又可能产生新的社会问题。当社会问题属于公共管理范畴，具有公共管理属性，才能成为公共管理的对象，如城市基础设施建设、城市道路交通管理、城市环境公共卫生、城市居民生活安全管理、城市居民社会保障等等都属于公共管理需要面对和解决的社会问题。因此，公共管理涉及城市社会经济发展、城市道路交通、城市居民社会保障与安全等诸多方面，公共管理的目的显然就是通过公共管理政策，引领和推动社会公共事务整体协调发展，提升社会公共福利和利益整体。公共管理的本质也就是为实现社会公共管理，满足社会公共福利与利益的需要，不断提高公共管理绩效与品质，在一定时期内对社会公共管理事务进行科学合理决策、政策制定与执行、监督评价与控制、沟通协调与反馈等系列活动，以达到社会公共事务管理的目的。

（2）公共管理的基本特征与属性。

公共行政和公共事务离不开公共管理，而公共管理具有公共管理主体多元、公共管理事务广泛和形式不断扩展、公共管理的体制机制和手段需要不断创新与发展等基本特征。理论上看，公共管理作为政府管理的一个重要组成部分，是以政府为核心，以公共事务为先导，运用政治、经济、行政管理与法律等多种方法，协调社会各界力量，实现政府公共事务的管理，提升社会公共利益与福祉，提升公共服务品质。毫无疑问，政府作为社会公共管理的重要组成部分，代表社会民众的利益行使行政权力，其目的就是为了实现社会公共利益，而不是权力主体自身的利益；它的公共管理必须是代表社会大众的。

代表社会大众的公共管理必须是主动、积极、形式多样，必须是以质量、服务、效率为前提，必须对不同需求者的公共需求做出合理地评价与实施，必须对危害国家安全、破坏公共秩序、造成环境污染予以严厉打击和管理治理，有效行使公共事务管理的权力。从这个角度出发，公共管理具有下列属性：

①公共管理是政府管理的重要内容，政府通过公共管理实现社会治理。

②公共管理的目的是增进社会公共利益与福祉，社会公共利益与福祉是多元的，公共管理的价值也是多元的。

③公共管理需要政府的引领、企业与民众的参与，政府、企业、民众共同面对公共管理、社会治理中出现的问题，形成政府、企业与民众的互动与责任共负。

④公共管理的主要内容是公共行政与公共事务，既要重视公共管理的体制机制与相关的法律制度建设，也要重视公共管理的战略管理、管理艺术与绩效。因此，从这个角度出发，代表城市居民公共利益的政府或政府主管部门，对其辖区范围内城市交通的发展及其管理问题的研究协调符合公共管理的属性特征，是公共管理思想在公共管理事务上的具体体现，是公共管理专业化职业化必须重视的问题[21]。

3.1.2 公共管理理论的演变与发展

公共管理作为一门新兴学科，不用说在中国，即使在西方，“公共管理学理论及其范式的成熟仍有相当长的路要走”，公共管理学的理论思想与体系、组织架构与观点、运行机制与制度政策设计等问题都需要深入研究与探讨[22]。

在公共管理学诞生以前，指导政府行政管理的理论只有两个：一个是公共行政学，另一个是经济学。公共行政学是研究政府行政部门行使行政权力，如何有效地对社会公共事务进行组织和协调管理，但对于“哪些事务是需要管理的”这一问题并没有进行探讨。19 世纪 70 年代以前，各国政府的行政管理职能范围都是比较小的，政府奉行的是对经济活动不干预、自由经济发展的政策，政府的职能范围主要是在国防、社会治安、基础教育等问题上。然而，19 世纪 70 年代之后，自由经济发展模式受到了强有力的挑战，市场经济的弊端在显现，政府干预经济的呼声越来越高涨，政府干预的范围也在扩大。在凯恩斯主义的直接指导下，西方各国政府干预经济、矫正市场的力度越来越大。特别是 20 世纪 30 年代以后，政府管理的事务迅速增多，政府对经济事务涉及范围之深、程度之广是前所未有的。然而，政府部门的管理却无法及时跟上这种形势的变化，社会公众的质疑和抨击声音越来越多。

为了应对政府危机和信任危机，人们开始寻找新的理论来指导政府工作和公共部门的管理，经济学基本原理就成为政府和公共管理存在的基础。按照经济学的基本原理要求，政府的职能主要应表现在古典经济学中的“政府应保护社会使之不受其他独立社会的侵害、尽可能保护社会上的每个人不受社会上任何其他人的侵害和压迫、建设并维护某些公共事业及某些公共设施”三大职能上。按照这种要求，政府首先应思考自己要做什么、为什么这样做以及怎样做的基本经济学问题。这些思考为政府公共管理部门指明了方向，使政府活动的范围进行重新界定。

20 世纪 70 年代末以来，西方各国开始了大规模改革，采取新的模式、重塑政府运动、进行市场化政府改革，政府管理也由原先传统的、简单而又僵化的行政管理转向面向市场与社会需求变化的公共管理。正如赫克谢尔（C. Heckscher）研究指出的那样，政府改革打破了原有的单向等级指挥关系，建立了双向互动交流和导向管理，并逐步向“后官僚组织”变迁。而巴扎雷（Michael Barzelay）说，摒弃官僚制的时代已经到来，公共管理已经从重视效率转向了重视服务质量和顾客满意度，由原有的自上而下的控制转向了争取成员的认同，转向了争取对组织使命和工作绩效的认同。奥斯本和盖布勒总结了美国改革地方政府和联邦政府的经验，主张“重塑政府”运动，建议政府推行新的管理方式。胡德（Christopher Hood）则认为西方国家的政府改革，其所采取的政府管理新模式就是新公共管理的典范[23]。这种管理上的变化被称为新右派、新治理、管理主义，统称为新公共管理。

与传统的公共行政理论不同，新公共管理（new public management，NPM）作为一种管理模式，其理论基础是现代经济学，主张在政府公共管理事务中广泛采用现代经济管理方法，重视公共管理中的绩效和产出，强调政府公共事务的选择也要以市场或服务需求为导向，提高服务效率与效益，倡导引入竞争机制，重视公共服务与管理的产出。强调政府官员对社会公众的响应力和政治敏锐性，倡导在人员录用、聘任任期、工资薪酬及其他人事行政管理上更加灵活、有序有效的管理。从这个角度出发，著名的公共管理专家胡德（C. Hood，1991 年，4 ~ 5）曾从公共管理的专业属性、目标问题、绩效衡量、产出控制、分权问题、竞争机制、管理方法和资源利用七个方面阐述了新公共管理问题。法汉姆及霍顿（Farnham and Horton，1996 年，259 ~ 260）研究分析并综合了其他各家的观点看法，认为在新公共管理中应着重强调 7 个方面内容：

①要强调战略管理的重要意义与作用，更加理性地方式处理公共管理的政策目标；

②要各负其责、各行其道，对组织结构进行重新设计，使公共管理的政策制定、政策执行和政策的监督相分离；

③要减少管理层次，赋予管理权责，突出绩效管理与目标考核；

④要改变现行政策，探索公共管理新模式，强调传统文化与市场价

值在公共管理新模式中的转换与融合；

⑤引用人力资源管理思想，积极探索组织与个人在公共管理中的作用，不断探索人力资源与组织机构的改革；

⑥紧盯市场和服务对象需求，积极探索满足公共服务导向（Public Service Orientation）的公共管理改革；

⑦倡导在公共管理中以契约关系（Contractual Relationship）来取代传统的信托关系。

无论哪种表述，新公共管理都与以往不同，一是强调公共管理领域中的专业化管理，正如胡德所述“由高层人员进行积极的、有组织的、显著的管理控制”，即管理者管理；二是强调公共管理的目标与责任。实施公共管理，责任与目标必须匹配，且承担责任必须以目标完成为前提，牢牢盯住目标、完成目标；三是强调公共管理的绩效，“需要重视的是目标而非过程”，重视目标、细化标准、强化考核成为必然；四是强调公共管理的有效组织与管理，使有限的资源用在刀刃上，强调公共管理部门由聚合走向分化、细化、专门化，相互之间既独立又关联，形成“公共部门的内部与外部，获得特定安排所带来的效率优势”；五是强调公共管理部门引入竞争机制，采用公开招标和合同条款，降低管理成本，提高服务质量；六是强调对私营部门管理方式的重视，私营部门被证实是有效的管理手段可以转而用到公共管理部门中，使公共管理部门在人员雇用及报酬等方面更具灵活和符合实际；七是强调对公共管理部门资源的需求进行检查，强调资源的使用效益与节约，注重少花钱多办事。

3.1.3 公共管理理论对城市交通拥堵问题解决的启示

公共管理理论仍处于演变发展中，新公共管理模式无疑是一次理论与实践的重大突破，是传统公共行政学与新公共财政学等内容的融合，它涵盖了公共管理中所需的政策、行政管理、公共资源配置、公共事务等诸多领域[24]，为公共管理部门深化改革奠定了理论基础。

从公共管理学理论的演变看，无论新老公共管理学理论如何演变，都客观需要政府行使公共管理权力，维护辖区居民公共权益和利益。政府管理实际上就是一种受社会公众利益委托的受托人管理；这个受托人必须是代表社会公众利益，正确行使公共事务管理和引导，在管理和引导中维护公众权力和利益，推动城市发展。而城市的发展是一个系统工程，十分复杂，需要各个代表城市居民的公共管理部门政策支持、措施实施、共谋发展，涉及城市发展的总体规划、城市道路的设计与供给、城市居民生活设施的配套、城市商业网点的布局、城市公交系统的建设与维护等方方面面，需要统筹协调。

城市交通拥堵问题的产生也是一个十分复杂的系统问题，给城市社会生活带来了巨大的影响和极为不便。城市居民的出行、城市空气的污染、城市生活质量的提高、城市整体社会形象和发展都受到了严重的挑战，城市交通拥堵的治理也成为许多城市亟待研究解决的重要问题。城市交通主管部门肩负着政府公共管理职责，代表政府行使社会会公众委托的权力，对城市交通如何发展，发展中存在什么问题，需要制定哪些相关政策或策略，引导城市交通发展，维护城市交通秩序等问题进行研究探讨。城市道路的基础性和城市交通的公共性也离不开公共管理学理论的指导，遵循公共管理学理论的新发展。

（1）城市交通治理政策奉行城市居民利益最大化原则。城市交通拥堵治理政策的制定必须客观、公正，必须符合广大城市居民的利益和权益，必须有利于城市交通拥堵问题的解决，必须能促进城市社会经济发展，满足城市大众出行便利、舒适、快捷和安全的需要，增加城市居民的福祉，促进城市居民精神的愉悦与和谐，把不利于城市居民大众利益、不利于城市生态环境保护、不利于城市资源合理开发与运用、不利于城市交通产业发展和产业安全的项目或事项清除出去，使城市居民近远期利益和当前利益、生产利益和生活利益结合起来，使城市居民公众利益最大化。

（2）城市交通拥堵治理方向奉行到位而不越位的治道变革。新公共管理主张政府是负责任的“企业家”，在公共管理中成为政策的制定者而不是执行者，政府的管理应是“掌舵”而不是“划桨”，应该把“掌舵”（即制定城市交通发展与城市交通拥堵“治理政策”“吸引更多”的非“政府部门”参与城市交通公共管理）和“划桨”（即具体城市交通运营操作）的事务区分开，把许多做不了、“做不好”、不该做的事情区分出来，重塑城市交通市场，规范城市交通管理。

（3）城市交通拥堵治理上奉行“顾客至上”的新理念。新公共管理中的政府与社会民众之间的关系，与传统模式下的关系完全不同，政府不再是管治行政而是服务行政，政府是负责任的“企业家”，是以“顾客”为本的服务提供者；社会大众是享受公共服务的“顾客”。政府以顾客需求为导向，坚持服务取向，提供全面优质的城市交通公共产品和服务，是城市交通拥堵治理的第一要务。作为“企业家”的政府，担负城市交通资源有效配置的重任，奉行为社会顾客提供多种多样的城市交通高质量产品服务的新理念。

（4）城市交通拥堵治理上奉行市场竞争新机制。新公共管理摒弃传统公共行政建立等级森严、强势扩张的行政干预，在一些可能的领域主张引入市场竞争新机制，破除政府提供公共物品的垄断地位或供给服务不足的状态，对城市交通顾客的需求做出快速地反映与调整。通过市场竞争，以质量求生存，以竞争求质量求效率，合理利用社会资本，整合社会力量，使更多更好的非政府部门（私营部门）参与进来，既增加了城市公共服务的供给选择，缓解城市基础设施建设上资金紧张的状况，又降低了城市交通供给的成本，规避了城市交通拥堵治理上可能存在的风险，实现社会总成本的节约。

（5）城市交通拥堵治理上奉行管理的高效和严格。新公共管理与传统公共行政不同，它把一些企业管理成熟的方法引入公共管理领域，主张提高效率、严格的绩效目标考核管理，对绩效目标完成情况进行分析与评价，重视投入产出结果的分析与运用。城市交通拥堵的治理也应遵循管理的高效和严格，才能彻底解决长期以来形成城市交通政出多门、分散管理以及条块分割、部门职能交叉、相互掣肘扯皮或推诿、效率低下等现象。目标管理、绩效评估、成本核算管理方法的引入，能进一步提高城市交通公共管理人员的责任感、使命感和危机感，形成凝心聚力谋发展的良好氛围，重投入轻产出、重法律轻绩效的状态才能得到纠偏。

（6）员工使用与选拔上发生变化，奉行全新的选人用人新办法。新公共管理与传统的选人用人不同，主张推行临时雇员制、合同制用人制度。实行政府任命制，任命部分高级公务员参与政府政策的制定，并承担相应地责任。充分发挥政府政策对社会公共服务满足的作用，使公务员特别是高级公务员既保持高度的政治敏感，又承担相应的社会责任，对公共政策的制定进行精心的思考与设计，使公共政策的作用得到充分的发挥。

（7）有思想有谋划，奉行少花钱多办事。新公共管理主张政府必须转变价值观，通过少花钱办大事；既满足公共服务，又获得公共服务投资的一定回报，更好地为公共事业服务。因此，通过政府公共管理项目的实施，尽快使公共管理项目获得投资回报，政府公共管理者也要成为政府公共管理中的行家里手，通过用钱学会省钱，成为政府的“企业家”，成为政府决策和公共管理的第一实践者，使政府决策更加科学合理可持续，使公共服务需要得到满足，又能防范决策可能带来的风险。

3.2 外部性理论及对城市交通拥堵问题解决的启示

3.2.1 外部性（Externality）问题的由来与发展

外部性概念是研究外部性理论的起点，外部性问题是经济学界一直研究探讨的重要问题。外部性理论的提出可追溯到英国经济学家、剑桥学派的奠基者亨利·西奇威克（Henry Sidgrwick）对穆勒“灯塔”问题的探讨上。1887 年，他在《政治经济学原理》一书中说：个人付出劳务总能得到相应的报酬这种观点是错误的。例如现实中很多公共设施，如航行中使用的灯塔，多少通行的船只因为灯塔的照明指引而得到了好处，但灯塔管理者并没有因为提供了灯塔管理和维护服务而得到与其所提供的服务相匹配的报酬；两者之间产生的差距就是人们所研究的外部性。

1890 年，马歇尔（Marshall）在《经济学原理》专著中对单个企业规模扩大的原因进行了分析，认为单个企业扩大的原因主要有两种类型：一种是该企业所在行业产业得到了普遍的发展与提高带来的；一种是该单个企业加强自身的管理、加强自身内部资源的配置、强化自身劳动组织效率的提高而产生。我们可称因行业普遍发展而引起的单个企业也随之发展的变化为外部经济（external economics），因后者原因而引起的单个企业经济效率的变化为内部经济（internal economics）。近年来，外部性理论在不断向前发展。

1920 年，马歇尔的学生、福利经济学家庇古（Pigou）在《福利经济学》专著中率先提出了外部不经济、内部不经济概念。他认为在经济活动中，单个企业如果对其他单个企业或整个社会（或行业产业）带来了不需要其付出代价的影响，那这种影响就是外部不经济。庇古还说明了灯塔、交通、环境污染等问题对社会其他人的影响问题，认为外部性造成了私人（可能是自然人或法人）边际成本和边际收益与社会边际成本和边际收益存在不一致性。如何解决这种不一致性呢？庇古提出了在这种情况下，单纯依靠市场的力量是难以消除这种损害的，需要依靠政府征税或补贴的力量来解决的外部性问题，“庇古税”由此而得名，并成为治理外部性问题的“庇古手段”。他从资源最优配置角度出发，正式提出和建立了外部性理论及其基本框架，外部性理论得到快速发展。

1928 年，阿温·杨（A. Young）在“收益递增与经济进步”论文中全面系统地阐述了外部经济思想，提出了外部经济动态性概念，认为动态的外部性是指产业的增长进一步推动了劳动生产分工的细化，出现了专门从事为其他厂商提供资本设备或其他服务的新发展，从而产生了与以往不同的新厂商。阿温. 杨论证了市场规模与劳动分工的相互作用及其对经济增长的长期影响，提出了“分工取决于分工”的新观点，并构建了一个动态发展的经济学增长新理论框架，认为新的发明或科技进步会引起新的资源配置和新的生产或专业分工，从而引发新的生产力变革和新的经济增长，动态的外部性经济思想逐渐形成。

1952 年，英国经济学家鲍莫尔（Baumol）在《福利经济及国家理论》专著中对外部性特别是垄断条件下的外部性、外部性与帕累托效率的关系、外部性与社会福利之间的关系等问题进行了深入的分析与探讨[25]，详细阐述了外部性理论研究的总体情况，深入分析了在资源一定的情况下，单个企业扩大生产导致同类行业企业可用资源的减少，引起同类行业企业生产成本增高引发的外部性问题。他认为庇古理论提出的边际私人成本与边际社会成本存在不一致性、采取征税或补贴的办法来解决外部性问题具有重要的现实意义和长远意义，但也提出政府政策不能完全取代市场机制的调节作用，只有当政府政策帮助社会成员实现他们最大的效率或价值时，制定政策、驾驭市场才会成为政府的重要工作。

1960 年，科斯（Coase）在其《社会成本问题》专著中提出了外部性的相互性，他认为外部性在经济活动中的具体表现无须政府干预，可依靠市场来解决，市场仍然是有效的，庇古提出的外部性问题解决的思想是一定偏颇的。庇古福利经济学强调私人边际成本与社会边际成本的差异，认为人们由于占有和使用物品，带来了占有和使用中的矛盾或损害时，需要政府来干预，而实际上人们占有和使用物品产生的社会效应如何却没有予以提及，社会成本问题被忽略。科斯认为这失之偏颇和公平，从而提出了解决外部性问题的新思路，即从产权界定入手，把导致外部性问题的权利当作生产要素，使用生产要素需要计算使用成本或交易成本。正如“走失的牛损坏了邻近土地上的谷物生长，带来了破坏或损失，即成本”的案例分析，提出了如下观点：一是损害是相互的，即外部性是相互的。牛（是主人的生产要素，使用它给主人带来收益）损坏了近邻土地上的作物，牛的主人必须予以赔偿，这种损害是相互的。二是生产要素通过市场交易得到价值最大化，市场交易的前提是产权清晰，即生产要素的产权清晰，生产要素的产权清晰就是要产权界定。产权清晰了，明晰产权的生产要素在使用过程中，使用费用或交易费用足够小，小到可以忽略不计时，整个社会效应达到了最大化，资源配置实现了最优。反之，当交易成本不为零或难以忽略不计时，则需通过谈判或各种政策手段来解决外部性带来的损害问题。因此，通过“产权界定”来治理外部性问题又被称为经济学上的科斯手段。

总体而言，对外部性问题的研究吸引了许多专家学者，研究也呈现两种方向发展：一种是积极探寻负外部性内在化的解决途径问题。如科斯试图通过产权界定和市场交易方式解决负外部性问题，他在批判庇古手段的基础上，提出解决负外部性问题应以社会总效应或总价值最大化为基础，而不能仅仅局限在私人边际成本与社会边际成本的比较上。道格拉斯·C. 诺斯（Douglas C. North）认为，随着社会经济的发展和生产力水平的提高，市场经济的完善，负外部性可由市场来“化解”，转化成一种内在转化的力量；政府公共政策的调整也会在一定程度上限制负外部性的发展。两者的联合作用管控了负外部性的进一步发生，并逐步向内在转化方向转变。另一种是积极探寻以人力资本为基础的正外部性新经济增长引导问题[26]。1986 年，保尔·罗默（Paul Romer）在“收益递增与长期增长”论文中提出建立一个具有外部效应的竞争性动态模型[27]，他认为社会进步的具体表现是技术进步，技术进步主要源于技术所需要的各种形式的知识积累与改进，是人类在实践中认识世界、改造世界的客观成果，涉及事实、信息的描述以及在教育实践中获得的技能。技术进步必须以知识生产和知识积累为基础的，知识具有“溢出效应（Spilover effect）”，知识以人力资本为依托，和人力资本一起成为经济增长的决定性因素。1988 年，罗佰特·卢卡斯（Robert Lucas）在“论经济发展的机制”论文中把人力资本的外部效应当作推动经济增长的一个重要因素[28]。他把人力资本区分为纯体力劳动的人力资本和表现为具有一定技能的人力资本，而具有一定技能的人力资本又区分为一般性社会共有的技能型人力资本和特殊劳动技能的专业化人力资本。对人力资本的投资会带来经济发展的正效应，从而促进整体经济的增长。

3.2.2 外部性概念内涵与负外部性的经济学分析

外部性问题的确存在，外部性概念的认识也不尽相同，但其本质却没有根本区别。外部性是指某事物或活动施加给社会或个人的某些成本或效益，而这些成本或效益却无法在该事物或活动的市场价值中得到反映。外部性有正外部性和负外部性之分，正外部性是指某事物或活动对周围环境或相关人员带来好的影响，人们从中获益，而该事物或活动的行为人却无法在该事物或活动带来的获益中获得额外的补偿。反之，当某事物或活动给周围带来了不良影响或不利，该事物或活动的行为人也没有付出其应该弥补或补偿不良影响或不利的代价，因而出现了外部不经济性（也称为负外部性）。

显然，外部不经济的产生无论其是一种自觉或是不自觉的外部不经济行为，都是一种损人利己的“利己主义”的表现，都属于不道德行为范畴。从经济学的角度看，当某一种经济活动产生了不一定由其自己偿付的成本时，行为人受有限理性的“经济人”利己本性决定，必然会毫无顾忌地从事这种活动，从而带来了许多负面问题，导致社会资源的不合理配置和无效率。外部性问题的存在加剧了环境污染和资源浪费，扭曲了资源配置。我们以城市交通为例，假定完全竞争的城市交通项目的边际收益为 IMR，边际成本 IMC，社会边际成本为 SMC，城市交通项目所引起的外部边际成本为 EC，那么，SMC = IMC + EC。这种城市交通项目的边际成本与社会边际成本的背离所造成的效率损失和资源配置扭曲，可用图 1 来表示。

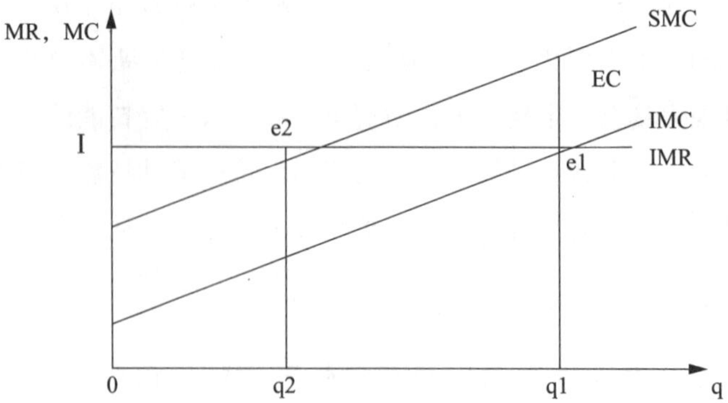

（a）完全竞争城市交通项目

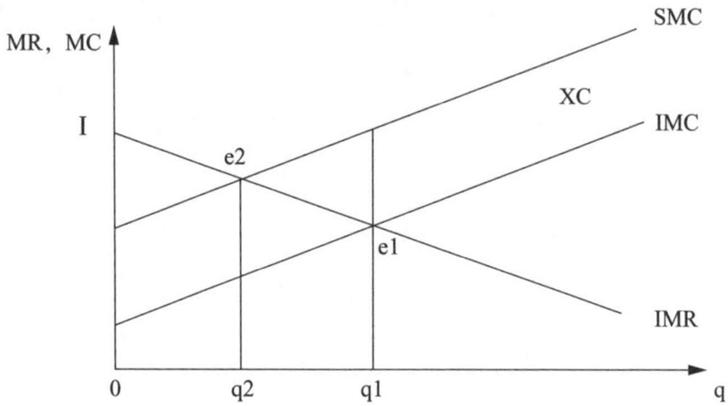

（b）不完全竞争城市交通项目

图 1　城市交通拥堵的负外部性和外部成本

根据经济学的原理，在完全竞争条件下，城市交通项目的边际收益 IMR 与需求曲线是重合且水平的；在不完全竞争条件下，城市交通项目的边际收益曲线 IMR 处在需求曲线之下，并且是向右下方倾斜的，在这里我们省略了关于需求曲线向下倾斜时的城市交通项目产品价格决定的讨论。在没有交通拥堵时，追求使用收益最大化的城市交通项目投产后，其边际收益等于边际成本的原则来决定（IMR = IMC），即 e1 点所决定的城市交通流量 q1。存在城市交通拥堵时，如果由于城市交通拥堵所导致的外部边际成本 EC 不是由他本人来承担，则代表性城市交通项目仍将城市交通流量确定在 q1 的水平上。由于城市交通项目的拥堵行为导致了 XC 的外部成本，使边际成本曲线由 IMC 上升为 SMC。这时，从社会角度看，社会福利最大化的流量决定应按照 SMC = SMR 的原则来确定，即图 a 中的交点 e2 点所决定的城市交通运量 q2。由此可见，由于负外部性的存在，使完全竞争条件下，城市交通项目效益最大化原则确定的流量 q1 与按社会福利最大化原则确定的流量 q2 有严重的背离。（q1 - q2）的流量就是项目资源过度利用，交通过渡拥堵所导致的城市交通流低效；这部分低效交通流量存在负外部性，使得城市交通项目收益最大化行为难以自动达到交通资源使用运用上的帕累托最优，如何有效解决城市交通拥堵已成为现代经济学研究中的重点难点问题之一。

3.2.3　外部性理论对城市交通拥堵问题解决的启示

交通运输引起的外部性问题，早已引起人们广泛的关注。“要想富，先修路”，就是典型的交通运输正外部性表现。无疑，交通运输给人们带来好处和收益，受到人们的喜爱。交通运输也给人们带来负外部性，引起人们困扰。从远的年代看，古代的腓尼基人（Phoenicians）在地中海地区砍伐大片森林用于造船，对该地区随后几个世纪生态环境都有重要影响。几个世纪前，荷兰人也砍伐大片森林造船，为了通航，无数湿地被破坏[29]交通运输对环境的影响早已存在。从现代生活看，当出行者进入交通道路获得自身便利时，也可能增加了道路交通的拥堵，而拥堵不但给自身带来了损失，也给其他出行者带来了延误损失，存在负外部性。

归纳起来，交通运输可能在以下三个不同层面产生负外部性：第一个层面是交通运输系统与资源、环境系统的作用而产生的影响；第二个层面是交通运输系统内各运输方式之间相互作用产生的影响；第三个层面是交通运输部门与政府以及用户之间相互作用产生的影响。从外部性产生的来源不同，交通运输的外部性可区分为与道路基础设施相关的外部性、与汽车车辆生产和运行相关的外部性。与道路基础设施相关的外部性主要包括运输基础设施的修建可能带来的视觉干扰、对社区的隔离障碍和对生态环境的分隔效应等；与汽车车辆生产和运行相关的外部性主要包括汽车车辆的生产与处置导致的土地占用、车辆停放与停车区的拥堵、车辆运行引起的环境污染、生态变化、交通拥堵与交通事故等[30]，详见表9。

表9　运输外部不经济的主要内容

影响类别	不经济的具体内容	
环境污染	土地	土地占用、财产破坏、景观破坏、道路建设用建筑材料
	大气	地方性污染：CO，碳氢化合物，NOx，SOx，铅，粉尘等 地区性污染：酸雨（NOx，SO_2） 全球性污染：CO_2
	水	地表径流对表面水体及地下水的污染，道路建设对水流的影响
	固体废物	废弃的运输工具（车辆，船等）与运输线路
	其他	噪声，振动，电磁波污染
生态破坏	上述环境污染都能造成补贴程度的生态破坏	
交通拥堵	时间价值损失，大气污染，噪声污染增加	
交通事故	财产损失，人身伤亡损失	

注：本表引自朱中彬．外部性理论及其在运输经济中的应用分析［M］，中国铁道出版社，2003，119。

交通拥堵是运输外部不经济的一个重要内容，交通拥堵可能发生在城市的不同地点、不同环节的道路上，通常具有偶然性、附随性和分散性，带来的直接结果是居民出行的时间成本、资源耗散成本、交通工具使用成本增加，这种成本的增加导致社会福利的损失[31]。如何消除或降低交通拥堵带来的损失或影响，是城市交通发展乃至城市社会经济发展必须重视的重要问题。

根据国际通行的标准，每百户家庭拥有20辆汽车的国家或地区就处于“汽车社会”状态。我国工业化城市化进程的不断加快，家庭汽车拥有量不断攀升，北京、上海、广州、深圳就已接近这一标准，未来还有更多的大中城市和省会城市跨入“汽车社会”[32]。在交通工具的增加，超过城市交通承载力的情况下，交通拥堵随即发生，交通拥堵的负外部性也难以避免产生。

从目前阶段看，负外部性的解决主要依靠私人解决方法和政府解决方法。私人解决方法主要由社会约束和道德规范来进行，包括对城市交通的建设者、消费者进行环境伦理和环境意识的教育，社会道德、社会文明与公约的遵守、交通法规知识常识的宣传、交通出行安全注意事项的提醒等。政府解决方法主要由“增加道路供给”“优化交通管理、合理引导疏导交通需求”两方面入手。而要在短期增加道路供给强度难度相对大，事实上任何一个城市会受到很多因素的制约，不可能无限制地拓宽道路或者新修道路，“优化交通管理、合理引导疏导交通需求”就显得格外重要。优化交通管理主要就是政府进行干预，包括政府交通管制、交通梳理引导、损失赔偿、税收优惠或收税、发放特别通行许可证等。政府的干预管制仍然是市场经济条件下解决交通拥堵的一种相对有效可行的办法，对负外部性问题的解决和控制具有十分重要的作用。我国城市交通拥堵就是要借助政府交通主管部门这只“看得见的手”，从外部角度管制可能出现的一些违反城市交通法律法规、违反城市交通产业发展政策和行业准入制度，造成交通拥堵、环境污染和负面的生态影响，导致资源不合理配置的交通拥堵问题，对城市交通项目进行产业政策、区域发展、空间布局、市场准入核准把关与管制，评估分析城市交通的外部影响和建设，减少交通拥堵现象的发生。

3.3 系统工程理论及其对城市交通拥堵问题解决的启示

3.3.1 系统的含义与系统工程的历史发展

系统一词来源于英文 System 的音译，系统是指将零散的东西进行整理，编排使其形成整体有序的体系。在数字信号处理的理论中，人们把能加工、变换数字信号的实体称作系统。中国学者钱学森认为：系统是由一个个相互作用、相互依赖的部分组合而成的，形成具有特定功能的有机整体，而这个有机整体又可能是一个更大系统的组成部分，在更大系统中发挥其应有作用。综上所述可知，系统是指由一些相互关联、互相制约、互相作用的部分或分支组成的具有某种功能的总和。系统是普遍存在的，在宇宙间，从基本粒子到河外星系，从人类社会到人的思维，从无机界到有机界，从自然科学到社会科学，系统无所不在。例如，太阳系是一个系统，它由太阳和九大行星通过万有引力相互作用、相互关联但又相互制约并运行在各自的轨道上，形成太阳系统的整体平衡，保持系统的稳定性。一个企业集团由若干个企业子公司组成，它们在企业集团中既相互独立，又相互关联、互相支撑，形成一个不可分割的大系统。从这个角度出发，一般而言，系统具有以下三个特性：一是系统具有多元性，系统是多样性、差异性的统一；二是系统具有相关性，所有组成部分之间相互依存、相互作用、相互制约；三是系统具有整体性，系统是由所有组成部分构成的一个复合统一的整体。

系统工程（Systems Engineering）作为一门专门研究系统变化、发展和演变规律的新兴学科，它创立的时间不长，发展却十分迅速。1937年贝塔朗菲（Bertalanffy）在芝加哥大学召开的哲学研讨会上首次提出一般系统论（General System Theory）概念，十年后他又进一步提出一般系统论包括系统的整体性、开放性、动态性、多级递阶性、有序性，认为“不论系统的具体种类、组成部分的性质和他们之间的关系如何，存在着适用于综合系统或自系统的一般模式、原则和规律”。1948年美国学者维纳（Norbert Wiener）在《控制论》专著中阐述了系统控制理论的基本原理以及系统控制理论中的系统结构的协调、沟通与控制的基本原理与机理，进行了单因素变化引起系统变化的相关分析，研究了如何借助各种各样的工具进行自动调节和反馈的问题。20世纪60年代，由于电子计算机的出现，现代控制理论得到了快速发展，因素众多、分层分级的多级递阶控制系统的研究取得了重要进展，广泛应用于许多大系统控制的研究与实践中。20世纪60年代末期，自组织理论开始被提出，并得到迅速发展。自组织理论由耗散结构理论（Dissipative Structure)、协同学(Synergertios)、突变论(Calastrophe Theory)三个主要组成部分组成，认为系统的存在和生存依赖于系统本身具有的复制其行为和组织的能力。耗散结构理论致力于研究系统与环境进行物质与能量交换的关系，以及研究其对自组织系统的影响等问题；协同学主要研究系统内部各组成部分之间的协同性问题；突变论主要研究系统在稳定状态下，由于某一（或某些）因素突然发生变化而引起的系统状态发生变化、直到趋于新的稳定的过程，从而为维护系统稳定性提供相关依据。

我国学者在系统工程理论发展上所做的贡献主要体现在：美国麦克劳·希尔图书公司在1954年出版了物理学专家钱学森所著的《工程控制论》英文第1版，这是世界上第一部系统阐述工程控制论思想的专著，开创了工程控制论的先河，也奠定了中国系统工程理论的基础。1964年，华罗庚以国外的CPM（关键线路法）和PERT（计划评审法）方法为核心，进行提炼加工，去伪存真，通俗形象化，提出了中国式的统筹方法。许国志编译的《运筹学》的出版，进一步推动了系统工程在中国的发展。20世纪八九十年代，中国科学界与哲学界翻译出版了系列国外系统科学、系统哲学与系统工程名著，引进了系统工程管理思想，举办了系列有关科学学、科学史与经济系统管理学等学术探讨；从1983年到1993年，应用系统论思想研究探讨了生物物理学、心理生物学等领域的系统论问题，提出并产生了系统生物工程等概念与原理等。90年代以来，系统工程在与企业发展结合、与现代信息技术结合、与实施可持续发展战略结合、与思维科学结合等方面已具有初步结果和强劲势头。系统工程虽然经过了半个多世纪的发展，吸引了许多原来从事不同学科的学者来研究它并做出了各自的贡献，但它仍然是一门年轻的科学，还处在不断地发展中，对系统工程的认识也在不断深化中。

3.3.2 系统工程的本质内涵与遵循的原则

系统工程主要是针对一个涉及面广、层次关系复杂的系统展开研究的，是按照一定目的进行系统的设计、开发、管理与控制，以期达到系统整体效果最优的理论与方法；其本质是一门工程技术应用科学，它的基本原理、方法来自各个行业领域和各有关学科，有的不仅要使用数、理、化、生物等自然科学，还要使用文学、医学、社会心理学、经济学等理论实践知识；涉及人的思想、行为、能力等诸多方面，诸多如运筹学、控制论、信息论、耗散结构、协同学、突变论、决策理论、大系统理论、仿真技术、模拟技术、管理科学等基础理论，遵循着下列基本原则。

（1）整体性原则。整体性又称为系统的总体性、全局性，是系统工程最基本的核心特征属性。整体性是指在系统工程中，各个具有独立功能的组成部分围绕系统总体目标，协同配合、相互联系、相互依赖成为一个整体，体现的是系统整体性；其整体功能不等于各个组成部分的功能之和，而是具有不同于各组成部分的新功能。在一个系统整体中，即使每个组成部分都不是最优，但通过协调、综合，系统也可以成为具有良好功能的整体系统；反之，即使每个组成部分都达到了最优，但组成整体的各组成部分协调运行相对差，因而系统也难以成为功能良好的整体系统。因此，系统整体性要求我们不能离开整体去考虑系统的各个组成部分及其关系，必须在实现系统目标的前提下，使系统的整体效果协调到最佳。比如说一个球队的个人技术再好，如果没有正确的战略战术以及相互的默契配合、综合协调，最终也可能导致失败。因此我们强调在思考问题、处理问题时，要有全局观念、遵循整体性原则。

（2）相关性原则。系统的相关性形成了系统结构问题的基础；系统的相关性是指系统内的各个组成部分之间相互联系、相互依赖、相互作用，使系统内各个组成部分之间在系统组成部分的构成要素上、时间空间上、层次结构上或环境与功能上形成相互关系。例如，人体中的每一个组成部分既相互独立、又相互关联，每一个器官或小系统都离不开人体整体的存在而存在；各个器官或小系统的功能与行为也都会影响人体整体功能的发挥，它们之间是相互关联的。如果它们不存在相关性，诸多器官或小系统就会成为一盘散沙，人体也就成为一个简单的集合体，而不是一个系统，人体的整体性也就被打乱，就可能出现这样、那样的不协调。此时，系统相关性越弱，生命活力也相对弱；反之，则越强。由此可见系统工程的相关性原则意义十分重大，相关性是分析系统、改进系统必须遵循的重要原则。

（3）环境适应性原则。任何系统的生存都必须与环境相适应，并与环境中的有关物质、信息与能量等发生交换，产生对环境的影响，从而引起系统各个组成部分发生新的变化。系统环境有内环境与外环境之分，它们任何一个变化，都会对系统产生影响，当然影响的程度要根据环境变化的程度而定。因此，系统要获得生存与发展，必须与内外部环境相适应，并随着内外部环境变化而变化，这就是系统的环境适应性。系统这种适应环境变化、调节自身结构的特性，又称为系统的自组织性。系统的稳定与否，也与环境的变化息息相关；环境的变化影响系统，而系统的改变，也会对环境产生影响；这种影响达到一定程度，也会引起环境的变化，从而反过来又会影响系统的稳定。两者相互关联的关系告诉我们，只有系统和环境相辅相成，才能实现系统可持续发展，使环境适应性原则应运而生。例如，绿色制造系统就是考虑系统对环境的影响，尽量使工厂企业生产制造过程的资源消耗最少，最大限度地减少环境污染和废弃物，对系统和环境最好。

（4）目标性原则。系统的目标性是指系统整体应达到的系统必须具有的特定目标功能，也就是说系统应达到的目标必须是清晰可控的。系统工程的目标决定了系统工程的设计、建造或改造系统的目标与依据，是系统工程整体行为奋斗的方向。一个系统必须具有它作为一个整体所体现的目标与功能，才有其存在的意义和价值。因此，明确系统的目标是设计、建设或改造系统的首要工作。系统的目标可以是单一的、也可以是多元的，也可以是由诸多方面组成且不同层次具有不同的目标体系。但无论如何，系统的目标必须是科学、清晰、准确、可靠，且有主有次，这样才能抓住系统整体工作的重点与难点，系统的目标才能是可控。

（5）结构性原则。所谓结构，就是指系统工程的各个组成部分必须按照一定的比例、规模、程序顺序、成本投入、速度发展等形成相互关联、相互影响的整体，系统的设计必须按照系统各个组成部分的比例结构需求来进行。这个比例结构需求既有量的需求也有质的需求；既有空间结构的比例，也有时间顺序发展的要求；既有开放的系统也有封闭的结构；既有相互独立运转的需要也有相互适应系统协调的要求。结构比例是系统工程协调运行的重要基础，其结构比例的好坏直接影响系统工程的稳定与发展；结构比例优，系统工程功能强；反之，则相反。因此，遵守系统工程结构性原则的意义十分深远。

3.3.3 系统工程理论及其对城市交通拥堵问题解决的启示

系统工程理论经过几十年的发展，已经深入人心。20 世纪 80 年代，中国进行了举世瞩目的改革开放，西方的系统思想、系统工程的实践案例也纷纷被引入中国，科学技术的发展、社会经济及管理环境的变化，以及系统性问题的发生，客观上要求人们分析世界、改造世界的角度和方法也发生变化。引入系统工程的思想，探寻系统分析的方法，解决社会经济发展中的实际问题，成为人们在新的形势下的新思维。系统工程在社会经济发展进程中应用十分广泛，在自然系统（自然灾害的防治、土地资源的利用、农林牧副渔的种植养殖等）、人体系统（生理病理的分析、疾病医疗的防治、心理的疏通等）、产业系统（行业产业的发展、生产技术的研发开发、服务系统的建立、交通运输系统的控制等）、社会系统（国家行政系统的管理、地区经济的发展、文化教育的普及与提高等）等作用于社会生活的各方面。例如，我国举世瞩目的三峡水利工程、南水北调工程就是一个涉及多方面改造自然、顺应发展的系统工程；节能减排的低碳经济，绿色经济发展也涉及方方面面，需要用系统工程的思想来引导。

城市交通拥堵的解决也是一个十分复杂的系统工程，涉及城市交通的规划、设计、建造、使用与运营管理以及人们的收入水平与出行偏好等诸多方面，直接影响到城市社会生活与经济发展。系统工程的理论与实践，为城市交通拥堵及其控制问题的解决指明了方向，带来了重要的启示。

（1）城市交通拥堵的解决必须兼顾城市交通系统的整体性。城市交通道路出行问题涉及面很广，包括城市交通的总体规划、道路桥梁的具体设计、通信信号系统的配备、城市交通的运营与管理、交通工具的性能与应用、城市居民的收入水平与素养等诸多方面。城市交通拥堵问题的产生原因是多方面的，有系统整体的协调问题，有城市发展布局与城市交通总体规划是否匹配协调的问题，有道路桥梁设计与修建质量是否高低的问题，有城市交通运营与管理是否协调协同的问题，等等；城市交通拥堵的控制需要多方面的引导和配合，是一个系统工程；每个系统组成部分存在问题，整个系统的协调性、整体性都会受到挑战。因此，为确保城市交通道路出行的畅通，系统中的每个组成部分在自身目标设定时既要考虑自身系统的建立问题，也要考虑自身系统的建立对整体系统的影响，需要相互信息的支持与沟通，全面准确地把握系统工程中遇到的问题，确保城市交通系统整体效益效率最大化，而不仅仅是从自身某一个分系统孤立地去考虑和选择。当自身系统与整体发生矛盾时，自身系统必须遵从整体的需要。正如日本东芝电器曾任总经理土光敏夫所说："即使某个方针对本部门有利，但如果它对整个系统不利，那么，就应该给予正确的选择与决策，维护系统的整体利益与效率。"坚持整体性原则对城市交通道路出行系统问题的思考、城市交通拥堵及其控制问题的解决意义重大。

（2）城市交通拥堵的解决必须遵循城市交通系统的相关性。相关性分析是指对两个或两个以上的变量元素进行有无相关性联系的分析，从而对其作出有无密切相关程度的分析判断。相关性的变量元素之间一定存在某种或某程度的联系，这种联系使其可以进行相关性分析。相关性不等于因果性，也不是简单的个性化，相关性所涵盖的范围和领域涉及社会生活的方方面面。系统相关性原则要求人们认识世界、改造世界不能单打独斗，要统筹兼顾、系统思考、全面安排。只有这样，才能全面准确把握系统的发展方向，引领系统朝期望的方向发展。城市交通拥堵问题的解决必然涉及城市社会生活的方方面面，这些方方面面组成一个个大大小小的子系统，每个子系统都有自身发展演变的规律，同时每个子系统也不是一个个孤零零存在的系统，它们都存在在相同的时间空间中，相互之间具有发展演变的关联，共同组成城市社会生活大系统中；这个大系统的影响因素十分复杂，如何透过这些复杂的影响因素，寻找造成城市交通系统拥堵的主要原因、次要原因，统筹兼顾、全面协调，已成为社会发展中亟待研究探讨的紧迫课题。

（3）城市交通拥堵的解决必须与城市交通系统的环境相匹配。系统工程的环境适应性要求人们对系统工程的思考要有系统环境意识，人们应从系统所处的环境以及环境变化上去认识事物、改造事物和创新事物，实现系统的总体平衡。只有在一定的环境中考察系统，才能明晰系统的全貌；只有立足于一定的环境中去研究系统，才能有效地解决系统中的问题。不顾系统内外环境的变化，缺乏对系统环境的思考，必然对系统工程目标的实现带来不利影响。城市交通拥堵及其控制涉及多系统、多层次、多目标、多部门、多人群，系统内、外功能的实现也需要综合协调，需要人力、财力、物力、政策等多方面的协调配合，而不仅仅是只就某方面某系统来单独思考和处理，忽视系统环境的适应与匹配，城市交通拥堵及其控制就会成为“头痛医头、脚痛医脚”，虽解决了某些局部性拥堵问题，但系统整体匹配性相对差。

（4）城市交通拥堵的解决必须与城市交通系统总目标相对应且可控。城市交通拥堵的产生可能会因为一时一事而发生，城市交通拥堵的解决也需要根据具体情况分层分级分步骤分目标来解决。有的层级多，有的目标大，有的步骤繁，有的目标难，但都要设置得科学合理并可行。层级太多，简单的事情会变得复杂；系统目标定得太大过高，系统恐又难完成；步骤太繁，程序复杂，又会影响问题解决的时效；目标太难，投入太多，导致不必要的成本与代价，都会影响系统目标的实现。城市交通拥堵问题的解决，必须与城市交通拥堵产生的原因相对应，解决的措施与思想必须与城市交通系统总目标相兼容，分层分级分步骤分目标来解决。总目标与分目标的制定必须科学、可靠与可控，各个分目标的完成必须服务于总目标，围绕总目标各方面需求的实现而努力。

（5）城市交通拥堵的解决必须注重城市交通系统的比例结构协调性。城市交通拥堵的产生原因多种多样，城市交通的发展比例结构失调是其重要原因之一。例如，有的城市道路修通了，与之配套的道路连接线、道路两旁人行道（或非机动车道）不匹配，造成人车混合随之带来拥堵；有的道路系统畅通，而道路沿线与之配套的辅助设施（如停车场）数量不够、容量不够，带来沿线停车增加出行交通的拥堵；有的城市道路系统的负荷远远小于城市汽车、小轿车数量迅猛增加带来的需求，使得刚修好的路变窄，拓宽的路不够宽，再拓宽时又有时间、资源的约束造成的拥堵，等等。因此，城市交通拥堵的解决必须因地制宜，必须根据具体城市交通拥堵的情况，采取相应的解决办法，注重城市交通系统的比例协调，满足城市居民交通出行的各方面需要。

3.4 利益相关者理论及其对城市交通拥堵问题解决的启示

3.4.1 利益相关者理论的由来与发展

利益相关者理论（Stakeholder Corporate Govemance Theory）萌芽始于多德（Dodd，1932）的研究，发展于美、英等国狭义的公司治理理论。狭义的公司治理理论认为公司经营者的中心任务就是要确保公司股东利益最大化，奉行“股东至上”。然而，追求“股东至上”引发的企业生产经营活动产生的环境污染、资源过度消耗、公众利益受到侵害的问题。为解决狭义公司治理理论带来的矛盾，人们开始反思自身的行为和理念，逐步认识到狭义的公司治理理论的局限，企业的生存并非仅仅是为股东服务，还应为企业周围相关联的涉及企业生存的利益群体服务。“建立一种包含股东、债权人、员工、消费者与供应商等在内的利益相关体有多么的重要，企业的生存不仅要为股东、债权人利益服务，还要为其他利益相关者服务”[33]的思想逐步形成。

1963年，利益相关者作为一个明确的概念正式提出，斯坦福研究所（SRI. Stanford Research Institute）认为“利益相关者是这样一些团体，没有其支持，组织就不可能生存”。随后，瑞安曼（Rhenman）和安索夫（Anseff）等为此进行了开创性的研究。瑞安曼提出“利益相关者依靠企业实现个人价值或个人目标，而企业则依靠他们来推动企业发展”，这一定义使得利益相关者理论成为一个独立的理论体系而引起人们广泛的研究。1965年，安索夫（Anseff）认为，一个理想的企业，一定包括诸多的利益相关者，这些利益相关者包括企业管理人员、员工、股东、上下游供销商及分销商、产品消费者等，他们为企业目标的实现作出了贡献，企业必须综合平衡考虑这些利益相关者的利益诉求与索取权。弗里曼（Freeman）、克拉克逊（Clarkson）、布莱尔（Blair）、米切尔（Mitchell）等学者致力于利益相关者理论的实际应用和整体框架的研究，并取得了诸多丰硕成果。弗里曼在1984年出版的《战略管理：利益相关者管理的分析方法》专著中明确提出了利益相关者管理理论，认为“利益相关者是指那些能够影响企业目标的实现，或者能够影响到企业目标实现过程中的任何个人与群体”。利益相关者管理的目的就是要综合协调利益相关者各方利益、平衡各利益相关者关系而进行的企业内部管理活动被称之为利益相关者的管理，这种管理追求的是利益相关者的整体利益，而不仅仅是某些主体的利益。弗里曼的观点与西方国家正在兴起的企业社会责任（Corporate Social Responsibility）的观点不谋而合，受到经济学家的广泛认同，被后人称为是广义的利益相关者定义，利益相关者概念内涵得到大大地拓展。

1994年，克拉克逊提出“利益相关者在企业中有的投入了一些实物资本，有的投入了人力资本，有的投入了财务资本或一些有价值的东西，并由此承担了企业经营中可能产生的某种形式的风险；或者说，利益相关者因企业的活动而承受了一定的风险”“企业理应为其所有利益相关者创造财富和价值，……，企业是由利益相关者组成的系统，它与企业活动提供法律和市场基础的社会大系统一起运作”[34]，该定义排除了政府部门、社会组织与社会团体、个体成员的关联性，被后人称之为狭义的利益相关者定义。1995 年，布莱尔提出“企业可以被看作是一种治理和管理专业化投资的制度安排”，这种制度安排必须兼顾利益相关者各方利益，企业的生存与发展离不开各方的支持与参与。

20 世纪 90 年代，国内学者积极参与利益相关者理论的研究。2002 年，贾生华、陈宏辉认为“利益相关者是指那些在企业中进行了一定的专用性投资，并承担一定风险的个体和群体，其活动能影响企业目标的实现或者受到该企业实现其目标过程的影响”[35]。这个定义介于广义和狭义之间，既强调了专用性，也强调了利益相关者通过投资与企业产生的利益关联。在公司治理创新方面，以杨瑞龙等为代表的专家学者主张“建立利益相关者合作逻辑下的国有企业共同治理机制”。2002 年，中国证监会与原国家经贸委联合出台《上市公司治理准则》，明确规定“上市公司应尊重银行及其他债权人、职工、消费者、供应商、社区等利益相关者的合法权利”，在制度层面上为保护利益相关者利益奠定了基础。

3.4.2 利益相关者理论研究的本质与分类

利益相关者理论研究的本质就是要搞清楚谁是利益相关者、利益相关者如何界定区分的问题。对利益相关者如何科学合理的界定是利益相关者理论研究的起点。不同利益相关者群体在不同的发展阶段有不同的利益诉求，科学合理的区分与界定，为充分听取不同利益相关者群体的不同意见建议、最大限度地保护维护利益相关者的利益奠定基础。

对于谁是利益相关者、利益相关者如何分类，几十年来涌现出各种各样的争论与观点，比较著名的有多维细分法和属性细分法。

（1）多维细分法。

多维细分法的典型代表是克拉克逊的分类方法，他根据利益相关者与企业合同的关系情况，将利益相关者区分为契约型与公众型利益相关者。契约型利益相关者主要包括与企业经营管理或销售有关的股东、员工、供应商、分销商、产品顾客消费者和债权人、投资者等，他们由于与企业有不同的契约，而直接与企业发生联系，产生契约关系，承担企业某种形式的风险。公众型利益相关者主要包括政府部门、当地社区、其他社会成员（是指非产品顾客消费者）、媒体等，他们由于与企业没有直接的联系，但间接受企业运作或运作带来的风险影响，成为企业行为的间接受影响者，承担着可能由此带来的风险。

（2）属性细分法

属性细分法的典型代表米切尔 1997 年在分析了 27 种各种各样的利益相关者的定义后认为，判断是否是利益相关者必须符合三个属性问题：一是影响力属性问题。利益相关者具备影响企业决策的地位与能力；二是合法性属性问题。利益相关者对企业利益的诉求应该符合法律或道义；三是紧迫性属性问题。利益相关者提出的意见建议或诉求能够立即引起企业领导者或经营管理决策者的关注。根据利益相关者基本属性的情况，将利益相关者区分为确定型、预期型和潜在型三种类型；确定型利益相关者，它必须符合上述三个属性；预期型利益相关者，它必须符合上述两种属性；潜在型利益相关者，它只需符合上述一种属性。从利益相关者属性出发，对企业可能的利益相关者进行测评，根据得分高低确定企业利益相关者及其类型，大大降低了企业利益相关者分析的难度，实现企业利益相关者界定的突破。

国内学者在借鉴国外专家研究的基础上，结合我国实际，也提出了一些观点和细分方法。例如，万建华（1998）根据利益相关者是否与企业有官方正式的契约将利益相关者划分为一级利益相关者与二级利益相关者。一级利益相关者主要包括财务资本所有者、人力资本所有者、政府、供应商和顾客；二级利益相关者主要包括社会公众、环境保护组织、消费者权益保护组织、所在社区、市场中介和新闻媒体等[36]。这种分类与查克汉姆（Charkham）1992 年的分类法相似。又如李心合（2001）从合作性与威胁性两个维度将利益相关者区分为支持型、边缘型、不支持型和混合型四类。支持型的利益相关者主要包括股东、债权人、经营者、顾客、供应商和提供服务者等，此类利益相关者合作性强，威胁性低；边缘型的利益相关者主要包括雇员的职业联合会、消费者利益保护组织以及那些未经组织起来的股东等，此类利益相关者合作与威胁的可能性都低；不支持型利益相关者主要包括存在竞争关系的相关企业、工会、新闻媒体等，此类利益相关者对企业存在比较高的潜在性威胁，合作的可能性比较低；混合型利益相关者主要包括紧缺的雇员、顾客等，此类利益相关者对企业的潜在性威胁和潜在性合作的可能性都比较高[37]。陈宏辉和贾生华（2003）借鉴国外学者的多维细分法和米切尔评分法的分析思想，从利益相关者的主动性、重要性和紧急性三个维度分析了利益相关者的基本形态，将利益相关者分为核心、蛰伏和边缘三种类型。核心利益相关者直接影响企业的生存与发展，主要包括股东、管理人员和员工，他们与企业经营好坏紧密相连；蛰伏利益相关者是指政府、供销商、消费者和债权人，他们通过相应的投资或服务与企业经营直接相连，承担着一定的企业经营风险。当企业经营非正常且其利益受到一定程度的损害时，他们很有可能从蛰伏状态转向活跃状态，非常迅速又强烈的反应将直接影响到企业的生存与发展。边缘利益相关者往往主要是指特殊利益集团和社区，他们往往被动地受到企业的影响，对企业而言，他们的重要性程度比较低，现实利益要求的紧迫性也不高[38]。

3.4.3 利益相关者理论对城市交通拥堵问题解决的启示

启示之一：城市交通拥堵问题发生的本质反映的是城市管理问题，城市管理涉及城市的方方面面，需要方方面面的相关部门和人员的配合，因此，会形成错综复杂的矛盾与利益关系。如何处理好城市管理中利益相关者的利益关系，是城市管理中必须注意的重要问题。从经济学视角看，在市场经济条件下，每个利益相关者都是一个“经济人”，有限理性、自利动机、实现自身价值或获得的价值最大化是其重要特征，都会选择对自身更为有利的行为。因此，客观上要求城市管理由以往行政命令式的管理机制向兼顾各方利益在内的利益相关者管理机制转变，运用政府“看得见的手”和市场“看不见的手”来协调各方利益，平衡各方关系，推动社会稳步发展。

启示之二：城市交通拥堵的发生原因错综复杂，引发的利益相关者关系也错综复杂，对利益相关者进行分类也相当复杂。对同一个城市而言，城市交通运输规划不同，城市交通道路布局不同，带来的道路使用效率效能也不同，城市交通拥堵发生的程度也会不同。与此同理，在城市交通运输规划、城市交通布局不变的情况下，城市交通运输道路的建设不同，城市交通运输的管理不同，城市交通运输工具不同，城市交通运输使用参与的人员素质不同，城市交通拥堵的发生也不尽相同。

启示之三：根据利益相关者理论，城市交通拥堵问题的解决本质上是城市交通运输利益相关者主体多元、利益需求多样、各方利益需求需要得到满足的城市交通运输体系的问题，利益相关者贯穿在城市交通运输的各个方面，直接影响城市交通运输规划、城市道路基础设施建设、城市交通运输运营与管理、城市交通运输道路使用的人员或团体，以及被城市交通运输道路规划、建设、管理与使用影响的人员或团体。利益相关者纷繁复杂，形式多样，如何有效识别和动员不同阶段的利益相关者参与城市交通拥堵的预防和治理是一个十分重要的城市管理问题。在不同的阶段，利益相关者不同，其利益诉求不同，表现与参与也不同，对城市交通拥堵预防与治理的手段方法也不同。

启示之四：在城市交通拥堵预防与治理进程中，利益相关者的识别是一个渐进的、动态的、变化的过程。按照利益相关者区分的理论和特征要求，在城市交通运输规划阶段，其利益相关者主要有运输规划的制定者（他们关注运输规划是否获批）、运输规划实施可能的投资者（他们关心的是投资需求的大小、可能实现的途径以及由此带来的投资回报等问题)、运输规划实施后可能的运用者（如货物需求者关心运输规划中的起点与终点问题、货物运输者关心的是运输规划中线路走向、运输可能需要使用的运输技术装备、运输线路通行能力等)、运输规划实施后的管理者（他们关心的是管理的风险与效能)。

在城市交通运输道路建设阶段，其利益相关者主要包括城市交通运输道路的发包人、承包人、监理单位、设计单位、材料供应商等，也包括受项目建设影响或能够影响项目建设的社会个人（公众)、环保部门等，他们各负其责、各司其用，为城市交通运输道路建设科学、合理、规范、质量优良、经久耐用作出了贡献，为城市交通运输的秩序与道路的安全畅通奠定基础。在城市交通运输管理阶段，其利益相关者主要包括城市交通运输与道路的管理部门（如管理局或交警大队等)、城市交通运输运营部门（如城市公交总公司、城市客货运营公司等)、城市居民与顾客等，各利益相关者主体如何准确定位，遵守各自的行为准则和规章制度，形成交通利益需求协同，对减少城市交通拥堵，确保交通运输道路的畅通意义重大。因此，根据不同城市交通运输资源的稀缺性、有限性，以及不同城市交通运输利益主体自身需求与偏好，及时研究不同的利益主体交通运输利益诉求与可行的利益实现机制，设计出一套科学合理、符合城市交通运输管理实际的城市交通运输管理新模式与城市最优的交通运输线路新配置，形成多元利益主体各方需求均得到满足的城市交通运行新体系，是城市交通拥堵预防与治理必须考虑的重要问题。

3.5 可持续发展理论及其对城市交通拥堵问题解决的启示

3.5.1 可持续发展理论的历史由来

可持续发展思想是人类社会发展到一定阶段的必然产物，是人类文明发展的必然选择。作为人类发展的纲领性原则与思想，它的提出不仅仅是人们对经济增长方式的反思思考，更是一种意义更为深远的人类进步。

在人类历史发展的漫长进程中，人们从最初的崇拜自然、适应自然、依附自然、独立于自然逐步向改造自然、战胜自然的方向转变，这是一个漫长的演变转化过程。在采集狩猎的原始社会，人与自然的关系还只是处在一个狭小的范围和空间，人类征服自然的能力非常有限，人们对自然存在普遍的敬畏之心，甚至将其异化为神，认为神主宰世界。这个时期没有环境问题。在传统农业发展的社会，人们认识自然、改造自然的能力大大提高，铸铁为犁、疏渠为河、筑墙为城，手工业、商业、航海业逐步深化发展，人类从依附自然向独立于自然、改造自然方向转变，人与自然在这一阶段总体还是和谐相融的，环境问题没有凸显。在科技发明日新月异的工业社会，特别是近代蒸汽机的发明，电子技术、原子技术、空间技术、生物工程技术等的深化发展，使人类实践能力得到空前发展，人们改造自然、征服自然能力迅速增长，单纯追求经济的增长、不断满足人类社会膨胀的各种需求，带来了高投入、高消耗、低产出，水污染、空气污染、土地荒芜、物种锐减、洪水泛滥等生态失衡，导致了人与自然关系的扭曲与不协调，人类社会面临着生存发展的新挑战。人们开始反思环境问题，研究人与自然的新的增长方式与发展。

1972 年，在瑞典首都斯德哥尔摩召开了联合国人类环境研讨会。这次会议的召开，全球工业化和发展中国家的代表齐聚一堂，共同研讨和界定了人类在缔造一个健康和富有生机的环境上所享有的权利，提出了可持续发展（Sustainable development）问题。各国随之出现了关于可持续发展概念的研究热潮，拟出可持续定义的多达几百个，涵盖范围十分广泛。1980 年国际自然保护同盟在出版的《世界自然资源保护大纲》中提出：“人们必须研究自然资源利用过程中的基本关系，这些关系包括自然的、社会的、生态的、经济的以及利用过程中的基本关系，以努力实现全球的可持续发展。”1981 年，美国学者布朗（Lester R. Brown）在其出版的《建设一个可持续发展的社会》专著中指出：“控制人口增长、保护资源基础、进行再生能源开发，实现可持续发展”。1987 年，世界环境与发展委员会在《我们共同的未来》报告中指出：“可持续发展既要满足当代人的需要，又要兼顾后代人发展的需要、不对后代人对其需要的能力构成危害的发展”。可持续发展是挪威首位女性首相布伦特兰（Gro Harlem Brundtland）提出的，她详细阐述了可持续发展的定义、可持续发展的思想，并被广泛接受和采用。1992 年 6 月，联合国在里约热内卢召开了“环境与发展大会”，通过了以可持续发展为核心的《里约环境与发展宣言》《21 世纪议程》等文件，中国政府也庄严签署了环境与发展宣言，并随之编制了《中国 21 世纪人口、资源、环境与发展》白皮书，可持续发展战略也被列入我国经济和社会发展的长远规划中。1995 年，党中央、国务院积极号召全国人民积极响应这一发展战略思想，将可持续发展战略写入了国家长远规划中，并被当作国家的基本战略进行伟大的实践。1997 年，中国共产党第十五次代表大会正式提出可持续发展战略是我国现代化建设中必须实施的伟大战略，可持续发展思想被广泛接受并付诸实践。

3.5.2 可持续发展理论提出的积极意义、本质特征与丰富内涵

可持续发展思想的诞生起源于人们如何克服一系列发展中面临的环境保护问题，尤其是环境污染、生态失衡的问题。可持续发展的提出，是人类社会对工业文明进程进行反思的必然结果。可持续发展理论一经提出，立即得到世界范围内的广泛认同。它已经超越了单纯的环境保护问题，将环境保护与社会发展有机结合，既是对传统发展方式的反思与否定，也是对未来可持续发展的理性、规范的设计。

可持续发展理论强调环境与社会经济的协调，坚持经济发展与人口、资源、环境相融，追求人与自然的和谐平衡，其核心思想就是“既满足当代人的需求，又不对子孙后代满足自身需求的能力构成危害的发展”，其核心思想具体表现在经济、生态、社会可持续发展问题上。它认为：经济可持续发展是基础，经济增长不仅要有数量上的增长，更要

注重依靠科学技术发展观、提升质量上的增长；生态（环境）可持续发展是条件，坚持经济增长必须以自然资源为基础，经济和社会发展不能以破坏环境和资源永续利用为代价，人类的发展必须被控制在地球承载力可接受的范围内。社会可持续发展是根本，人类社会发展的本质就是要不断改善人类生存环境，提高人类生活质量，实现人与自然、人与社会、人与经济和谐发展。三者有机结合、相互影响、相互协调，才能构成人类社会和谐、持续、长久的可持续发展。

为了实现经济、生态、社会可持续发展，可持续发展理论赋予其丰富内涵思想，特别强调世界的共同发展、协调发展、公平发展、高效发展和多维发展。

（1）强调共同发展。地球是一个复杂的巨大系统，每个国家或地区都是这个巨大系统中不可分割的子系统，每个子系统都和其他子系统相互联系并发生作用。由于系统整体性特征，只要一个系统发生问题都会直接或间接影响到其他系统，甚至诱发系统的整体性突变，生态系统的破坏已经显现出整体性系统问题。因此，可持续发展强调是整体发展和协调发展，即共同发展。

（2）强调协调发展。协调发展内容包括多方面多视角多维度，既包括经济、人口、环境三大系统和社会各个阶层层面的整体协调，也包括世界、国家、地区或城市、乡村等多维空间和生态层面的协调。只有这样，和谐可持续发展才能得以实现。

（3）强调公平发展。经济、生态、社会的发展还要强调公平，这里的公平既包括时间发展上的代际公平，当代人的发展不能以损害子孙后代的福祉和发展能力为代价，还包括空间维度上的公平，一个国家或地区（城市）的发展不能以损害相邻或影响其他国家或地区（城市）的发展能力与福祉为代价。

（4）强调高效发展。可持续发展理论的高效是既包括经济意义上的高效，也包括环境开发、资源使用利用上的高效，两者不可偏颇和缺失。五是强调多维发展，认为可持续发展战略的实施必须因地制宜，根据各国、各地区、各城市、各乡村的具体情况和发展背景，制定出符合本国、本地、本城镇、本乡村实际的多元多样性多模式的可持续发展道路，实事求是地指导本地区可持续发展。

3.5.3 可持续发展理论对城市交通拥堵问题解决的启示

作为一个指导人类走向21世纪的战略性引领，可持续发展理论的提出具有划时代的长远意义。它的出现提醒我们在社会经济发展进程中要时刻注意把握好发展中的每一次机遇，处理好发展中遇到的每一个问题，节约使用社会的每一种资源，努力保护好人类赖以生存的环境，既要维护当代人的利益，也要兼顾未来子孙后代的福祉与可持续发展。

从目前我国情况看，我国作为一个拥有14亿多人口、占据世界人口1/5多的人口大国，虽然地大物博，但资源占有与世界同期相比，差距相当显著。从土地面积情况看，我国人均土地面积仅相当于世界平均水平的1/3；从水资源情况看，我国人均水资源占有量仅相当于世界平均水平的1/4；从矿产资源情况看，我国人均占有量只相当于世界平均水平的1/2；从能源消耗情况看，我国已成为世界能源消耗大国，一次性能源消耗量占据世界第2位，可我国人均能源占有量仅为世界人均水平的1/7。越来越多的土地被占用、越来越少的水资源被占有、越来越多的能源被消耗及越来越少的人均占有率，使我国工业化、城市化进程中面临着经济发展、生态保护、社会可持续发展的压力越来越大，节约资源、保护环境任务持久而艰巨。

城市交通作为城市社会经济发展不可缺少的重要组成部分，在客货运输往来、人民生活改善、城市社会经济发展等工作中发挥着举足轻重的作用，成为城市交流与往来、繁荣与发展的纽带与基础。城市经济的发展需要城市交通，而城市交通的发展又推动了城市经济的繁荣。随着我国各地城市化进程的加快，城市交通也得到了很大发展，具体表现是城市道路的拓宽、延长和新增，机动车辆的迅速增多，新的城市交通体系在形成，极大地便利了人们的交流与往来。

然而，随着城市人口的快速膨胀，城市交通拥堵在增加，交通拥堵带来的影响或危害也在增加。具体表现在以下几个方面。

（1）交通拥堵带来城市交通的有害废气、烟尘与油污染增多，对城市的空气、水域和土壤带来危害。据国外研究统计，城市有害废气的重要污染源是小汽车，小汽车排放出的一氧化氮占许多大城市总排放量的90%以上，烃类排放物占70%以上，氮氧化物占50%以上。

（2）交通拥堵带来城市的噪声增多。城市噪声主要来源于汽车行驶、车辆鸣笛、工业与建筑施工噪声、社会噪声（如音乐厅、高音喇叭、早市和人的大声说话）等，而汽车行驶、车辆鸣笛是城市的一个主要噪声污染源，直接对城市居民正常的语言交流、听觉甚至睡眠质量产生影响，导致交流效率降低、语言听力受损、失眠疲劳和记忆力减退等状况，引起心绪不宁、心情紧张、心跳加快和血压增高。长期在噪声环境下工作，可引发大脑皮层兴奋，引起焦虑的产生和大脑的失衡，甚至导致条件反射的异常，有的患者会引起顽固性头痛、神经衰弱失眠和脑神经机能不全等，进而引起恐惧和全身神经系统高度紧张。毫无疑问，城市交通拥堵加剧了城市的噪声污染。

（3）人们由于交通拥堵而受到的噪声污染增多，通行时间延长，焦虑情绪上升、油耗行驶成本加大，引发矛盾的可能性也随之加大。

因此，城市交通拥堵问题的解决意义重大，需要多方面的支持、理解、参与、协调与配合，是一个复杂的系统工程，必须坚持以可持续发展理论为指导，以实现城市社会、经济、生态可持续发展为目标。

（1）坚持以人为本，以满足城市人口交通需求与增长的需要为目标，分析城市交通需求总量的增长、城市交通新需求的变化、城市交通供需结构的变化、城市交通供需条件的满足，探讨城市交通拥堵的治理与解决办法。

（2）坚持城市交通拥堵问题的解决不能以牺牲城市环境为代价，城市交通运输体系的供给与满足必须以“低投入、少污染、可持续”发展为准则，选择与倡导高效、节能、环保、便利的城市交通与出行，最大限度地减少城市环境的污染。

（3）城市交通拥堵问题的解决必须以减少资源的使用与占用为前提，节约各种资源的使用利用与消耗，加强城市交通的综合治理，实现资源的永续利用。我国人口众多、资源紧缺、生态保护任务十分繁重，需要我们在城市交通拥堵问题的治理上，不仅要尊重社会经济发展规律，还要尊重自然规律，充分考虑资源和生态环境的承载力，坚决防止和纠正那种“先发展、后治理”的错误观念，努力建设基础性、公共性、超前性等基本特征于一体的城市交通新体系。

4 城市交通拥堵及其控制必须考虑的问题

4.1 城市交通安全问题

《中华人民共和国道路交通安全法》是为了维护道路交通秩序，预防和减少交通事故，保护人身安全，保护公民、法人和其他组织的财产安全及其他合法权益，提高通行效率而制定的相关法律。在这部法律中，明确提出了交通安全事关重大，交通安全的本质内涵就是指任何人或车辆或货物在经过道路交通运输到达目的地时，不受威胁，没有危险，未受到危害，没有损失。然而，由于各种各样的现实原因，交通事故的经常发生，不仅威胁人们的身体健康，影响人们的生产生活，而且还造成不必要的人或货物的直接损失或损减；交通安全问题日渐引起人们的广泛关注，如何解决交通拥堵引发的城市交通安全问题成为城市化进程中亟待研究解决的重要一环。

4.1.1 我国城市道路交通安全面临的形势

（1）城市化进程加快、城镇人口迅速增加。

从中国统计年鉴数据看，见表10。2015年全国总人口为137462万人，其中城镇人口为77116万人，占人口总数的56.10%，也就是说全国一半以上的人口居住在城市。从2010年到2015年五年情况看，2015年城镇人口比2014年净增加2200万人，2014年比2013年净增加1805万人，2013年比2012年净增加1929万人，2012年比2011年净增加2103万人，2011年比2010年净增加2101万人；城市化进程每年以年均2027.5万城镇人口的增加在净增长，城市化进程快速推进。从1995年到2015年二十年情况看，2015年全国总人口比1995年净增加了16341万人，增长率是13.49%；而城镇人口净增加是41942万人，增长率高达119.24%；城市化人口增加率达到同期人口增加率的8.84倍，二十年城市化进程成绩显著，城市人口迅速增加。

表10　全国人口总数与城镇人口数　　单位：万人

年份	总人口	城镇人口	同年占比
1995	121121	35174	29.04
2000	126743	45906	36.22
2005	130756	56212	42.99
2010	134091	66978	49.95
2011	134735	69079	51.27
2012	135404	71182	52.57
2013	136072	73111	53.73
2014	136782	74916	54.77
2015	137462	77116	56.10

注：本表数据来自《中国统计年鉴2016年》。

（2）机动车增长快速、私人汽车拥有量增长迅速。

随着城市化进程的推进，城区的不断扩大，人们交流往来的范围也在加大，机动车保有量持续增加，私人汽车拥有量不断创出新高，安全问题日益凸显。据中国统计年鉴有关数据，我们以民用汽车和私人汽车拥有量数据为例，数据可见表11。从民用汽车拥有量情况看，2015年民用汽车拥有量是2010年的2.09倍，是2005年的5.15倍；从私人汽车拥有量情况看，2015年私人汽车拥有量是2010年的2.37倍，是2005年的7.63倍；从私人汽车拥有量占民用汽车拥有量的百分比情况看，2015 年私人汽车拥有量占民用汽车拥有量已达 86. 58%，比 2010 年的 76. 11% 还高出 10. 47 个百分点，比 2005 年的 58. 48% 高出 28. 1 个百分点，私人汽车拥有量增长迅速。

表 11　全国民用汽车与私人汽车拥有量情况　　单位：万辆

年份	民用汽车拥有量	其中	
		私人汽车拥有量	私人汽车占民用汽车拥有量（%）
2005	3159. 66	1848. 07	58. 48
2010	7801. 83	5938. 71	76. 11
2011	9356. 32	7326. 79	78. 31
2012	10933. 09	8838. 60	80. 40
2013	12670. 14	10501. 68	82. 89
2014	14598. 11	12339. 36	84. 53
2015	16284. 45	14099. 10	86. 58

注：本表数据来自《中国统计年鉴 2016》。

（3）机动车驾驶人员总数多，新增驾驶员人数大。

与此同时，机动车驾驶人员总数多，新增驾驶员人数大。从表 12 中国统计年鉴数据看，2015 年我国机动车驾驶员人数高达 32853. 05 万人，这个数字已经超过世界许多国家的人口总数；与 2014 年驾驶员总人数相比，新增 2960. 73 万人；与 2010 年数据相比，净增加 12784. 58 万人，是 2010 年的 1. 64 倍；与 2005 年数据相比，净增加 19783. 53 万人，是 2005 年的 2. 51 倍。从汽车驾驶员新增情况看，2015 年汽车驾驶员人数高达 28012. 99 万人，占机动车驾驶员人数的 85. 27%，比 2010 年净增加 12883. 1 万人，增加了近 10 个百分点，五年来每年年均新增 2576. 62 万人；比 2005 年净增加 19995. 23 万人，增加百分点高达 23. 92%，十年里每年平均新增 1999. 52 万人。

表 12 全国驾驶员人数情况表 单位：万人

年份	机动车驾驶员	其中	
		汽车驾驶员	汽车驾驶员占机动车驾驶员（%）
2005	13069. 52	8017. 76	61. 35
2010	20068. 47	15129. 89	75. 39
2011	22817. 62	17416. 76	76. 33
2012	25250. 83	20028. 52	79. 32
2013	26955. 93	21742. 70	80. 66
2014	29892. 32	24812. 07	83. 00
2015	32853. 05	28012. 99	85. 27

注：本表数据来自《中国统计年鉴 2016 年》。

4. 1. 2 我国城市道路交通安全存在的问题

（1）快速增长的路网需求，交通拥堵难避免。

虽然随着社会经济的发展，我国城市道路基础设施不断改善，道路里程、路网密度等都有了长足进步，城市建设部门投入了大量的资金进行城市交通系统的规划、建设与管理；城市道路交通服务部门也想尽了各种可行的办法在规范道路交通服务，如在市中心地带，设置各种护栏防护安全；在人群密集地带，专门开设天桥、地下通道方便人们横穿马路；在一些新开城区，道路设计往往是六车道、八车道，保证车辆运行的畅通，交通服务水平也不断得到提高，在很大程度上方便了城市居民的出行需求。但无论如何，所有这些措施的进行，都无法满足过量的交通需求，以及迅速增长的机动车数量对道路路网消耗的需求，交通拥堵难避免，安全隐患时时存在。如北京城市道路交通高峰时期，全市90%以上道路交通处于饱和或超饱和状态，路网平均负荷度高达70%以上，其中干线道路系统超过90%，给城市生活带来了极大不便[39]。交通拥堵、越演越烈的“城市病”，正成为严重消耗社会运行效率的“顽症”，不仅“堵”住了车速，而且“堵”掉了人们快乐生活的感受。

（2）快速增长的机动车辆，交通安全隐患难消除。

由于机动车拥有数量的迅速增加，机动车驾驶员的迅速增多，人们享受着社会经济发展、收入提高带来的生活变化的喜悦，但也同时陷入机动车数量快速增加带来的烦恼。近十余年来，无论在北京、上海，还是在其他中小城市，居民家庭拥有机动车辆数在迅速上升。从已有统计数据看，我国城镇居民平均每百户年末家用汽车拥有量已从2013年的22.3辆上升到2015年的30辆，上升幅度高达34.53%，中间仅仅只相隔一年，不可谓不快[40]；而与此同时，我国城镇居民每百户年末摩托车拥有量由2013年的39辆增加到2015年的45.8辆，增幅高达17.44%。小汽车、摩托车、客运公交车、货车、自行车、行人一起上路，新老司机交织、人车冲突增加，道路安全隐患大大增加。

（3）常常发生的交通事故，直接经济损失难以减少。

从世界角度看，自1896年美国首次记载世界上第一个被撞身亡的交通事故以来，全世界已有2000多万人死于交通事故，直接经济损失高达200多亿美元，相当于一个小型国家一年的工农业总产值。从我国情况看，道路交通安全形势也不乐观。城市道路资源紧张，交通拥堵、人车混行、机动车与非机动车混合或争抢同行，呼啸而过的车辆、人行道的狭窄等，都增加了道路交通安全事故发生的可能。据中国统计年鉴近三年数据，见表13和表14。从全国情况看，近三年每年发生的交通事故伤亡人数均在26万人以上，事故造成的直接经济损失每年超过上亿万元。从我国三个大城市交通事故发生情况统计看，三个大城市2015年交通伤亡人数占全国同期伤亡人数的4.51%，为11642人；直接经济损失占全国同期损失的6.25%，达6483.5万元。常常发生的交通事故，道路安全伤亡大，直接经济损失难以减少。

表 13 2013—2015 交通事故发生情况统计表

年份	发生数（起）	死亡人数（人）	受伤人数（人）	直接损失（万元）
2013	198394	58539	213724	103896.6
2014	196812	58523	211882	107542.9
2015	187781	58022	199880	103691.7

注：本表数据来自《中国统计年鉴 2014 年》《中国统计年鉴 2015 年》《中国统计年鉴 2016 年》。

表 14 2015 年三个大城市交通事故发生情况统计表

年份	发生数（起）	死亡人数（人）	受伤人数（人）	直接损失（万元）
北京	2637	922	2617	2088.4
上海	1070	869	454	469.6
天津	5358	826	5954	3925.5

注：本表数据来自《中国统计年鉴 2016 年》。

（4）失衡偏颇的交通管理，安全防范难度大。

从目前情况看，我国城市交通安全管理多数表现在：一是重理论、轻实践技术与实践能力的提高，导致安全隐患增加。交通管理部门一方面着重抓机动车驾驶员驾驶理论的学习、培训和考证，另一方面却轻视了对驾驶员驾驶实践技术操作以及应对突发事件能力的培训，导致驾驶员理论学习时间短、应试培训多、实际问题处理能力相对差；二是重证审、轻维修保养与例行检查的控制，导致安全隐患难避免。在城市交通安全管理部门的例行检查中，交通管理部门往往多数是强化对运行过程中证件的检查，如对驾驶证行驶证和道路通行证的检查，却忽视了对车辆运行状况和车辆维修保养情况的检查；三是重惩罚轻预防，导致安全隐患增加。交通管理部门在实际运行过程中，往往对一些违反《道路交通安全法》《道路运输条例》等一系列道路交通安全法律法规的行为进行相应的惩罚，注重的是事后效果；而忽视了日常对道路安全法律法规相关知识的宣传、学习与培训防范，缺乏对包括驾驶员在内的交通参与人员（如非机动车驾驶员、行人、乘客等）的道路安全意识教育引导，超速驾驶、酒后驾驶、疲劳驾驶、无证驾驶、随意横穿马路、乱闯红灯、强行猛拐、道路边随意玩耍等行为屡禁不止，失衡偏颇的交通管理，安全防范难度大。

4.2 城市交通资源使用与利用的问题

毫无疑问，城市交通拥堵及其控制问题的解决都会产生资源消耗问题，不同的城市解决城市交通拥堵的方法不同，其资源使用消耗也不同，对资源的使用利用与效果也会不同。我国是一个发展中国家，虽然经过改革开放40年的快速发展，特别是进入21世纪以来城市化、工业化进程的加快，城区面积的迅速扩大，城市人口的迅速上升，城市交通需求急剧增长，城市交通资源的紧张状况没有得到缓解，拥堵问题仍然是客观事实。因而，分析城市交通资源使用与利用问题意义重大。

4.2.1 我国城市道路用地占比少

城市化进程加快，城市人口的激增，城市交通需求也不断加大，而我国城市交通道路用地占城市总用地面积的比例（称为城市道路面积率）却很小。与我国《城市道路交通规划设计规范》（GB 20220－95）及《标准与准则》（97版）中城市道路的道路面积率为15%～20%相比，或者与我国2016年2月21日发布的《中共中央国务院关于进一步加强城市规划建设管理工作的若干意见》提到："到2020年，我国城市道路面积率达到15%"相比，现有城市道路面积率比值仍太小。我们以表15和表16为例，表15反映的是我国15个400万人口以上城市中，城市道路面积率最大的城市是武汉，为5.11%；最小的城市是重庆，为0.49%；15个城市平均道路面积率为2.17%，与规范要求的15%比例相比较相差甚远。表16反映的是我国8个城市人口在200万～400万之间的省会道路面积率，这8个城市中，城市道路面积率最大的是南昌，为4.60%；最小的城市是乌鲁木齐，为0.32%；8个城市平均道路面积率仅为1.71%，与规范要求的15%相差更大。

表 15 我国 400 万人口以上城市道路面积率情况表

城市	市辖区土地面积（平方公里）	年末城市道路面积（万平方米）	年末城市道路面积率（%）
重庆	29590	14528	0. 49
上海	5155	10550	2. 05
北京	12187	10002	0. 82
天津	7399	13144	1. 78
广州	3843	10414	2. 71
南京	6587	13495	2. 05
西安	3581	7200	2. 01
成都	2172	7404	3. 41
汕头	1956	2500	1. 28
郑州	1010	4174	4. 13
沈阳	3471	8413	2. 42
杭州	4876	6145	1. 26
武汉	1738	8880	5. 11
哈尔滨	7086	4872	0. 69
石家庄	2243	5233	2. 33

注：本表数据来自《中国城市统计年鉴 2015 年》。

表 16 全国 200—400 万人口部分省会城市道路面积率情况表

城市别	市辖区土地面积（平方公里）	年末实有城市道路面积（万平方米）	年末城市道路面积率（%）
长春	4789	7113	1. 49
长沙	1910	4382	2. 29
太原	1500	3194	2. 13
南宁	6569	3861	0. 59
乌鲁木齐	9576	3101	0. 32
贵阳	2525	2611	1. 03
南昌	820	3774	4. 60
兰州	1632	1959	1. 20

注：本表数据来自《中国城市统计年鉴 2015 年》。

4.2.2 我国城市人均拥有道路面积仍偏少

人均拥有城市道路面积，就是用城市道路的面积除以该城市的人口数，用以衡量城市道路面积是否合理。道路面积指城市路面面积和与城市道路相通的广场、桥梁、隧道、人行道面积，人行道面积按道路两侧面积相加计算，包括步行街和广场，不含人车混行的道路。国外一般发达国家城市人均道路面积较多，如美国，其大城市人均道路拥有面积为22 平方米，个别城市如纽约、芝加哥则高达 28.5 平方米、46.2 平方米。我国依据国际上人均道路面积 12 平方米为现代化城市标准，确定该项指标的全面小康目标值为 12 平方米。而从我国城市人均拥有道路面积情况看，在 2014 年末全国 15 个人口超过 400 万人（未包括城市流动人口数据）以上的城市中，数据见表 17，人均道路面积低于 12 平方米的城市有 7 个，占据比例达 46.67%，近一半城市达不到全面小康目标值要求；有的城市相去甚远，如超千万人口的城市重庆、上海、北京、郑州，此值相差分别高达 37.75%、35.83%、33.92% 和 34.75%；汕头则更大，此值相差 61.33%，连目标值半数都不到。如果与发达国家美国相比较，15 个超 400 万人口的城市没有一个能达到 22 平方米；如果与国外一般发达国家相比较，15 个城市中只有天津、南京、沈阳、武汉 4 个城市能符合国际通行的 15 ~ 20 平方米标准；而发达国家，如美国芝加哥市人均道路面积为 46.2 平方米、纽约 28.5 平方米、旧金山 25.3 平方米[41]。但如果把每个城市流动人口（有的城市流动人口已经变成常住人口但数字未能计算在年末城市人口数据之内）计算在内，则上述城市人均拥有道路面积情况还会变得更小，差距则会拉得更大。我们还以我国 200 ~ 400 万人口的部分省会城市来看，情况也仍然是如此（见表 18 数据）。表中列示了 8 个省会城市，数据最好的是长春，达到人均城市道路拥有面积为 19.44 平方米，表中显示有 5 个城市人均拥有道路已超过 12 平方米，还有 3 个城市未能达标，1 个城市即兰州为 8.15 平方米，离 12 平方米标准则相差甚远。

表 17 全国 400 万人口以上城市数据统计表

城市	年末人口总数（万人）	年末实有城市道路面积（万平方米）	年末人均城市道路面积（平方米）
重庆	1943.90	14582	7.47
上海	1370.90	10550	7.70
北京	1261.90	10002	7.93
天津	832.80	13144	15.78
广州	695.00	10414	14.99
南京	648.70	13495	20.80
西安	587.20	7200	12.26
成都	581.60	7404	12.73
汕头	539.10	2500	4.64
郑州	533.20	4174	7.83
沈阳	528.40	8413	15.92
杭州	525.10	6145	11.70
武汉	514.90	8880	17.25
哈尔滨	473.80	4872	10.28
石家庄	408.00	5233	12.83

注：本表数据来自《中国城市统计年鉴 2015》。

表 18 全国 200—400 万人口部分省会城市数据统计表

城市	年末人口总数（万人）	年末实有城市道路面积（万平方米）	年末人均拥有城市道路面积（平方米）
长春	365.90	7113	19.44
长沙	303.50	4382	14.44
太原	287.60	3194	13.70
南宁	284.40	3861	13.58
乌鲁木齐	260.60	3101	11.90
贵阳	230.70	2611	11.32
南昌	230.10	3774	16.40
兰州	240.50	1959	8.15

注：本表数据来自《中国城市统计年鉴 2015》。

4.2.3 我国城市每万人拥有公共交通资源不达标率高

城市公共汽（电）车，是城市客车，即巴士或大巴，是客车类中大、中型客车的典型车型，是为专门解决城市和城郊运输而设计及装备的商用车，是人们除了小汽车、城市地铁之外的重要出行交通工具。然而，从我国城市公共交通工具拥有情况看，我国城市每万人拥有公共汽（电）车营运辆数不达标率仍偏高，有的城市差距还很大，总体情况不乐观。一是我国用每万人拥有公交车数量标准来表示某城市公交发展的水平，规定中小城市每万人拥有 7 辆公交车、大中城市每万人拥有 12 辆公交车（A 类测评标准）。然而，以 2014 年底统计数据为例，无论是从我国省自治区市总体情况看，还是从具体省会城市以及全国县级以上城市总体情况看，每万人拥有公共汽（电）车辆数达标情况不乐观。从我国 31 个省市自治区总体情况看，有 23 个省自治区市城市每万人拥有公共汽（电）车数低于 12 辆，占总数的 74.19%；有 6 个省（区、市）的城市每万人拥有公共汽（电）车数低于 7 辆，占总数的 19.35%。31 个省（区、市）的省会城市中，每万人拥有公共汽（电）车数低于 12 辆的省会城市有 7 个，占省会城市总数的 22.58%。从我国 653 个县级以上城市情况看，每万人拥有公共汽（电）车低于 12 辆的城市有 211 个，占城市总数的 32.31%；低于 7 辆的有 153 个，占城市总数的 23.43%。从我国人口超过 400 万的 15 个城市情况看，数据见表 19，2014 年末每万人拥有公共汽（电）车营运辆数低于 12 辆的有 6 个，这 6 个城市分别是重庆、上海、汕头、郑州、沈阳、石家庄，不达标率占总数的 40%；个别城市如汕头 2014 年末人口为 539.10 万，而拥有公共汽（电）车营运车辆数为 1066 辆，每万人拥有公共汽（电）车才 1.98 辆，差距不可谓不大。

表 19 2014 年末全国 400 万人口以上城市有关指标统计表

城市	人口总数（万人）	实有公共（电）车营运辆数（辆）	每万人拥有公共（电）车营运辆数
重庆	1943.90	8641	4.44
上海	1370.90	16155	11.78
北京	1261.90	23667	18.76
天津	832.80	11164	13.41
广州	695.00	13610	19.58
南京	648.70	8134	12.53
西安	587.20	7769	13.23
成都	581.60	11447	19.68
汕头	539.10	1066	1.98
郑州	533.20	6297	11.81
沈阳	528.40	5573	10.55
杭州	525.10	8656	16.48
武汉	514.90	7767	15.08
哈尔滨	473.80	6270	13.23
石家庄	408.00	4764	11.68

注：本表数据来自《中国城市统计年鉴 2015》。

4.2.4 我国城市公共交通资源使用效率仍不高

我国城市每天每辆公共汽（电）车完成客运量数城市间比较差异大，使用利用效率仍不高。从城市公共交通工具使用利用情况看，我们选择不同的城市口径进行比较。一是以表 20 数据为例，在全国 400 万人口以上的 15 个大城市 2014 年末所拥有的公共汽（电）车营运车辆数、年末客运总量和每辆公共汽（电）车每天完成客运量数中，我们以每辆公共汽（电）车每天完成客运量数最高的重庆市数据为 1，重庆市每辆公共汽（电）车每天完成客运量数是 623 人次（按取整数计），其他城市以此为参照系来计算。西安每天每辆公共汽车完成客运量人次只相当于重庆的 96%，是 15 个城市中最高的；上海则为 73%、杭州为 72%、成都为 70%、郑州为 69%、汕头和石家庄为 62%、天津为

60%；而南京为56%，是15个城市每天每辆完成客运量最低的城市，使用利用效率总体相对差。二是以表21数据为例，在全国200—400万人口的8个省会城市中，我们以每辆公共汽（电）车每天完成客运量数最高的兰州市数据为1，兰州市每辆公共汽（电）车每天完成客运量数是768.55人次（按取整数计为769人次），其他城市以此为参照系来计算。乌鲁木齐每天每辆公共汽车完成客运量人次只相当于兰州的89%，为完成任务比较好的城市；南昌、南宁、太原则分别为其的68%、64%和60%，而长沙市为49%，与同期兰州市完成任务相比较，结果是一半都不到，是8个省会城市使用利用公共汽（电）车客运效率最差的城市。

表20　全国400万人口以上城市数据统计表

城市	年末实有公共（电）车营运车辆数（辆）	全年公共汽（电）车客运总量（万人次）	每辆公共汽（电）车每天完成客运量数（人次）	重庆每辆公共汽（电）车每天完成客运量数为1计算
重庆	8641	196328	622.48	1.00
上海	16155	266530	452.01	0.73
北京	23667	477180	552.39	0.89
天津	11164	151012	370.60	0.60
广州	13610	261655	526.72	0.85
南京	8134	104216	351.02	0.56
西安	7769	170960	601.94	0.96
成都	11447	180853	432.85	0.70
汕头	1066	14932	383.77	0.62
郑州	6297	98748	429.64	0.69
沈阳	5573	115096	565.82	0.91
杭州	8656	140928	446.05	0.72
武汉	7767	148300	523.11	0.84
哈尔滨	6270	127877	558.77	0.90
石家庄	4764	67449	387.89	0.62

注：①本表数据均来自《中国城市统计年鉴2015》；②以重庆每辆公共汽（电）车每天完成客运量数为1来计算其他城市每天每辆客运量相对数。

表 21　全国 200—400 万人口部分省会城市数据统计表

城市	年末实有公共（电）车营运车辆数（辆）	全年公共汽（电）车客运总量（万人次）	每辆公共汽（电）车每天完成客运量数（人次）	兰州每辆公共汽（电）车每天完成客运量数为 1 计算
长春	4750	74927	432.17	0.56
长沙	5517	75462	374.74	0.49
太原	3071	51414	458.67	0.60
南宁	2866	51724	494.45	0.64
乌鲁木齐	4567	113765	682.47	0.89
贵阳	2855	69232	664.37	0.86
南昌	3219	61773	525.76	0.68
兰州	2769	77676	768.55	1.00

注：①本表数据均来自《中国城市统计年鉴 2015》；②以兰州市每辆公共汽（电）车每天完成客运量数为 1 来计算其他城市每天每辆客运量相对数。

4.3　城市交通环境影响问题

4.3.1　环境的分类与内涵

从经济学角度看，环境是人类社会赖以生存和可持续发展的重要资产与财富，人类的历史就是一部人类与环境不断相互适应、不断相互作用、不断演化变化发展的历史。不同的环境，有不同的主体；不同的主体，有不同的环境；环境是相对于某个主体而言的。一般而言，从环境属性看，环境可分为自然环境、人工环境和社会环境。自然环境就是指没有任何人工加工的影响而天然存在的环境，如大气、水、土壤、植物、动物、微生物等客观存在的自然物质环境。因此，自然环境又可进一步细分为大气环境、水环境、土壤环境、地质环境和生物环境等，与之对应的就是地球的大气圈、水圈、土圈、岩石圈和生物圈“五大圈”。人工环境就是指在自然环境基础上经过人的加工改造或人为创造而形成的环境，其主要特征就是自然物质的形态产生了较大变化，失去了原有的风貌。社会环境就是指人与人之间由于政治制度、经济体制机制、风土人情和乡俗文明形成的观念、制度、行为准则等非物质社会因素。

城市环境泛指影响城市人类活动的各种外部条件，包括自然环境、人工环境、社会环境和经济环境等，是人类创造的高度人工化的生存环境。城市的发展往往在为居民创造了优越的物质和文化生活条件的同时，其环境却遭到了严重地污染和破坏，如何防止“先污染、后治理”“边污染、边发展”是一个紧迫问题。环境问题正困扰着人们，影响着人类生存与发展。既要经济发展，又要生态平衡。环境是资源，环境是人类社会生存的重要物质条件；优美的环境能给人们带来蓝天白云、清新的空气、透明的水质和优美的自然风光，提供人类社会生存与可持续发展的原动力。

4.3.2 环境资源的特性与环境承载问题

环境就是资源，具有以下基本特征：

（1）环境资源的有限性。

资源有限性与人们需要无限性的矛盾是人类社会最基本的矛盾，资源的有限性、人们需要的无限性及它们之间的矛盾，是当今世界面临的最基本事实。从逻辑上说，资源的有限性是现代微观经济学的基本命题；资源的有限性所带来的种种理论与实际工作中的难题和困惑一直为学术界和实务者所关心和研究，对这一问题的探讨有不同的角度和层面。资源的有限性在人口稀少、生产力低下时期并不充分体现，但随着人口的急剧增长，经济活动的不断增多而逐渐显现出来。例如，森林植被的减少、水土的流失与枯竭、空气的浑浊不清新、可耕地的减少与荒芜、矿藏资源的短缺与贫瘠，已经对社会经济发展产生重要影响，资源的有限性迫使人们必须保护环境、爱护资源，合理使用。

（2）环境资源用途的广泛性。

从我们已知的环境资源情况看，许多环境资源用途广泛。例如，水是生命之源，地球上哪里有水，哪里就有生命；一切生命活动都是起源于水的。水除了生活饮用之外，还可以用于水力发电、航运、流放竹木、调节气候、美化环境等功能，还可以在工业上用于冷却、加热、溶解、清洗、合成，农业上灌溉、养殖，还可以发展水上运动和娱乐等。同样，森林植被资源则可以用于调节气候、阻挡风沙、防止水土流失，还可以起到绿化美化人类生存环境的重要作用。资源用途的广泛性既满足了人类对资源的无限需求与利用，又引发了资源的不断枯竭与滥砍滥用，必须对其高度重视与关注。

（3）环境资源的难计量性。

环境资源的难计量性主要体现在环境资源有的具有再生性，有的具有不可再生性，使得环境资源的价值与使用价值有的能计量、有的难计量。例如，江河湖泊和海洋的过度捕捞，有可能造成鱼类和水产资源的衰退与枯竭，甚至使有的物种绝迹。滥砍滥挖有可能造成水土的流失与沙化；上游资源的过度开采与挖掘，有可能造成下游区域洪水的泛滥。环境的损失难计量，环境资源的价值也难计量。环境资源需求的无限性和资源供给的有限性，使得环境资源的使用利用难管理难控制，提倡节约与综合使用利用成必然。

环境资源的特征告诉我们，人类的每项经济活动，特别是重大、重要的经济活动，都要关注环境问题，了解其对环境的影响，准确把握和估量其对环境的破坏情况，将环境与资源消耗控制在可承受的范围内，即不能超越环境和资源的承载能力。研究者们在进行环境承载力分析时，总会把自然资源作为环境控制的第一环境，把人类社会的物质基础、公用基础设施等人为建设环境作为第二环境，也即是人工环境；认为环境承载的不仅仅是自然环境的破坏、空气指数的污染，还包括人口规模、人口消费压力、人类的社会经济活动。衡量环境资源承载力的指标包括自然资源支持力指标、环境生产力指标和社会经济技术支持水平指标等几大类，运用人口与经济、资源的环境承载力模型，计算出人口经济承载力指数与人口资源承载力指数来研究和反映[42]。因此，离开环境与资源的承载力，可持续发展也无从谈起。环境的合理承载与资源的可持续使用利用，保护环境与资源的总体平衡，是人类社会发展的永续问题。

4.3.3 城市交通对环境的影响

城市交通对环境的影响，主要表现在：城市交通的修建与运行对城市自然环境的影响，城市交通的修建与运行对城市生活环境的影响。这种影响随着城市人口密度的增加而增加，城市人口密度的增加，导致对城市交通需求也大大地增加，既加剧了城市道路的拥堵，也增加了城市空气环境的污染。

（1）城市人口密度增大，加剧了城市交通的拥堵与环境污染。

我们以表 22 数据为例，表中 10 个 400 万人口以上的城市中，2014 年与 2004 年相比，城市人口密度增长率最大的是武汉和郑州，净增长率高达 220.22% 和 111.82%，每平方公里人口分别增加了 2037.53 人和 2786.93 人，与自己相比，几乎再造了一个城市，拥堵情况在所难免。10 个城市中，增长率最小的是沈阳与天津，净增长率是 8.07% 和 9.23%，每平方公里分别增长为 113.74 人和 95.10 人，这在发达国家的城市也不是一个小的增长。十年间，我国特大城市北京和上海，每平方公里人口绝对增加了 160.04 人和 226.6 人，不断涌入的人口加大了对城市道路交通的需求。然而，我国城市道路交通用地占城市总用地面积比例极小，人均道路面积比与发达国家相比差距大，大量城市人口密度的增加，加剧了城市交通的拥堵和环境污染。

表 22 全国部分 400 万人口以上城市人口密度统计对比表

城市	2004 年城市人口密度（人/平方公里）	2014 年城市人口密度（人/平方公里）	2014 年与 2004 年相比城市人口密度增加值	2014 年与 2004 年相比城市人口密度净增加（%）
上海	2432.78	2659.38	226.60	9.31
北京	875.40	1035.44	160.04	18.28

续表

城市	2004 年城市人口密度（人/平方公里）	2014 年城市人口密度（人/平方公里）	2014 年与 2004 年相比，城市人口密度增加值	2014 年与 2004 年相比城市人口密度净增加（%）
天津	1030.43	1125.53	95.10	9.23
广州	1613.31	1808.38	195.02	12.09
西安	1455.60	1639.65	184.05	12.64
成都	2133.85	2677.85	544.00	25.49
汕头	2455.37	2755.93	300.56	12.24
郑州	2492.28	5279.21	2786.93	111.82
沈阳	1408.70	1522.44	113.74	8.07
武汉	925.24	2962.77	2037.53	220.22

注：数据来自《中国统计年鉴 2010 年》《中国统计年鉴 2015 年》。

（2）城市交通环境污染的具体表现。

第一，城市交通空气污染问题。为了解决交通需求问题，越来越多的人热衷于小汽车，导致本来就不轻松的城市道路空间更加狭小拥堵。据公安部交管局统计：截至 2016 年底，全国汽车保有量达 1.94 亿辆，其中有 49 个城市的汽车保有量超过 100 万辆，18 个城市汽车保有量超 200 万辆，6 个城市汽车保有量超 300 万辆。2016 年全国城市汽车保有量排名前十的城市依次为：北京、成都、重庆、上海、深圳、苏州、天津、郑州、西安和杭州。汽车保有量是指一个地区拥有车辆的数量，一般是指在当地登记的车辆。汽车保有量加上各地的摩托车、农用车保有量等在内构成数量庞大的机动车量，数据更加惊人。数量庞大的机动车产生大量的石化燃料消耗，排放大量的尾气废气，主要包括一氧化碳、碳氢化合物、氮氧化合物和颗粒物。城市空气中的这些有害物质浓度超出国家标准，就会严重影响着人们的身体健康。据报道，2015 年 4 月环保部完成了我国 9 个大的重点城市空气污染分析，发现机动车、工业生产、燃煤、扬尘是当前我国大部分城市环境污染的主要污染源，其颗粒物占总量的 85% ~90%；而机动车尾气排放已经成为首要污染源的城市已经有北京、杭州、广州、深圳[43]。由于我国燃油的铅、苯、烯烃和硫的含量提纯技术与质量控制，与发达国家相比仍有不小差距；这些差距对于北京、上海、广州等一些机动车辆数巨大的城市带来的影响巨大，有毒有害物质燃烧排放到空气中，对城市环境造成了重要影响，城市交通系统已成为城市一个主要的空气污染源，对城市空气质量造成损害。由于排放的污染物通过大气、水体、土壤等环境介质进入生物体产生危害，对开放的空间和湿地也带来影响。

第二，城市交通噪声污染问题。城市交通噪声主要是指城市各类交通运输工具行驶时产生的声音；此外，机动车尾气的排放对机动车发动机控制系统造成一定程度的影响，也带来更多城市噪声污染。这种噪声污染通常音量都很大，存在比较广泛，对人们正常的生产、生活和学习产生声音的干扰和影响，以城市道路交通通过的地段噪声最为集中。连续不断的机动车呼啸而过产生了大量的噪声，过多的车辆拥堵会加剧司机情绪的焦虑，大量的鸣笛声又增加了人们的烦躁，极大地影响了城市居民生活，特别是道路两旁的城市居民长期处于噪声之中，更容易产生失眠、抑郁及其他疾病。据统计，我国城市有 75% 的噪声是来自城市交通，交通噪声影响范围广、干扰时间长，已经成为城市噪声的主要来源。据有关测量，距道路两旁 15 米处以每小时 80 公里的车速行驶的汽车声达到 50 ~ 70 分贝，繁忙的城市主干道达 90 分贝，距铁路、重型卡车 15 米处达 90 ~ 100 分贝，汽车鸣喇叭声音则达 110 ~ 120 分贝，高速公路两旁交通噪声更为严重[44]。在大多数城市中，城市交通噪声已成为污染居民生活环境的突出因素。

第三，城市交通对生态环境的影响问题。城市道路或汽车交通对生态环境的影响包括土地、绿化和水质等。其中道路建设对生态环境造成的影响主要有施工活动对自然环境造成的非污染性破坏，使环境发生物理变化而对生物产生的影响；还包括由于排放的污染物通过大气、水体、土壤等环境介质，进入生物体产生的危害。另外还有城市道路交通的振动带来的影响，包括城市道路每天大量的车辆行驶通过产生的振动，特别是大型车辆行驶产生的振动。这种振动多数是由于城市道路路面的不平而导致，随着道路两旁向外延伸，影响和干扰了城市道路两旁居民的生活，对文化与景观也产生了重要影响。

4.4 城市交通规划布局问题

对城市交通拥堵及其控制问题进行研究，除了上述几个主要问题外，城市交通的合理规划布局也是城市交通应考虑的重要问题之一。

4.4.1 城市交通合理规划布局的内涵

城市交通合理规划布局问题是一个关于城市交通基础设施选址、配设，城市交通资源配置，城市交通绿色发展，城市交通各个子系统统一协调以及城市交通可持续发展的综合交通体系规划问题。城市交通的合理规划布局，成为城市交通各子系统规划的编制依据。城市道路、公共交通、步行与自行车交通、交通枢纽、停车、交通管理、交通信息化建设，以及对外交通等子系统规划及近期规划应符合城市综合交通体系规划要求。

广义的城市交通规划包括城市交通设施体系布局规划、城市交通运输发展政策规划（也称“交通发展白皮书”）、城市交通运输组织规划、城市交通管理规划、城市交通安全规划、城市交通近期建设规划等。狭义的城市交通规划主要是指城市交通设施体系布局规划和城市近期建设规划，通常是根据对城市历史和现状的分析，对城市交通供需状况和地区的人口分布进行调查研究，从经济视角和土地有效使用利用等角度进行相关管理分析，对城市及附近地区未来人口、土地利用和经济发展情况进行分析，对交通运输发展需求进行预测，并对不同规模、结构、布局等方案进行评价比选，确定未来推荐使用方案，同时突出建设实施方案（包括建设项目时序、投资估算、配套措施等）的一个完整过程。

“要想富，先修路”。随着我国城市化进程的加快，城市人民生活水平的提高，“城市，让生活更美好”理念的深入，怎样把城市建设得更美好，成为人们十分关心的重要问题。城市交通作为城市社会经济发展的重要组成部分，是城市各项社会经济活动的联系桥梁与纽带，人民交流往来离不开城市交通，城市的社会经济建设离不开城市交通的发展。城市交通的合理规划布局的根本目的就是要解决城市道路交通的根本问题，就是要建立完善的综合运输系统，获得最佳的城市交通运输效益与效率，实现城市交通科学化、现代化。

城市交通规划的合理布局，从宏观层面来讲，城市交通合理规划布局问题应该体现国家或政府对城市发展的引导，是城市规划的前提基础条件，主要涉及城市化进程中的城市发展方向、城市资源的有效配置与使用，城市环保要求、城市建设一体化发展以及城市交通经营与管理等方面工作[45]。这些问题的解决需要国家或政府的精心组织，城市交通规划部门以及其他有关部门的协同配合。例如，城市化发展方案以及城乡一体化建设、城市的发展速度与规模等，都需要借助于国家或政府相关的政策支持[46]。从微观层面来讲，城市交通合理规划布局包括城市交通各项子规划、分项规划，诸如城市道路网规划、城市停车点布局规划、城市对外交通规划、城市货运交通规划、城市交通发展战略规划等等，这些规划涉及城市发展的方方面面，包括城市交通如何体现城市发展方向并适度超前，城市交通规划引导城市的空间布局、土地资源开发与利用、城市居民生活、城市环境保护要求、城市经营与管理等各个方面；这部分工作是由城市交通规划部门具体负责制定。

4.4.2　我国城市交通合理规划布局的历史渊源与发展

中国在周朝就有九经九纬、环城和辐射形的城市道路网的雏形规划。唐朝首都长安规模宏大，道路网为典型的棋盘形布局。20 世纪初，汽车出现后，城市交通规划便把汽车作为主要交通工具来考虑。现代的城市交通规划是在第二次世界大战后出现的，之后西方国家开始重视交通规划，确定了现有交通形式。我国自新中国成立以来，城市交通规划也伴随着城市事业的发展而发展。大致经历了以下三个阶段：

（1）计划经济体制下的城市交通规划（1949—1979 年）。

新中国成立以来至 1979 年，由于实行高度集中管理的计划经济体制和严格的户籍管理制度，和相对低下的机动化水平，城市交通道路容量大于城市交通需求，城市很少发生交通拥堵。这一时期，政府对城市道路基础设施投入很少，人均道路面积扩展缓慢，步行和自行车交通成为人们日常出行的主要方式，除首都北京由于考虑备战需要修建地铁外，公共汽车和电车也成为大中城市公共客运的主要方式。国内关于城市交通问题的研究也很少，这一时期人们对城市交通规划的理解局限在城市道路规划上，基本上是凭经验判断、并不了解城市客观需求与城市交通运行规律；少数大城市虽按当时苏联模式进行过一些城市客货运 OD 调查，但也仅局限于某条道路的客货运量预测调查，通过调查确定某条道路的性质与宽度，交通规划也被视为是单纯的技术问题，很少考虑社会经济发展对城市交通规划的影响，更谈不上拥有完整的城市交通规划理论方法体系了。

（2）城市快速发展与城市交通规划的演变发展（1979—2000 年）。

改革开放初期，随着我国社会主义经济建设步伐的加快，少数几个城市如北京、上海、广州等城市率先进入机动化发展阶段，交通拥堵问题日益显现并加重，交通事故率也不断增加，交通问题已经引起社会越来越多的关注，“全面规划、综合治理大城市交通”的呼声越来越高。北京、上海、天津、南京等城市也开展了城市居民出行一日的交通需求调查，及时研究和掌握城市居民与流动人口出行的时间、空间分布，为城市交通道路的改扩建、城市平交立交的修建、城市交通规划的制定提供基础数据与依据。人们开始对交通规划的地位、作用进行研究，越来越清醒地认识到城市交通是一个十分复杂的系统工程问题，城市交通拥堵也必须按照“综合治理”的发展道路去探索解决。20 世纪 80 年代中期，《北京市城市交通综合体系规划研究》中明确提出了城市交通系统的构成及其内在的关系，指出城市交通系统是一个由若干子系统组成、每个子系统又包含若干相互依赖、相互制约的构成要素组成；城市交通问题的解决也必须遵循系统规律，城市交通规划也必须体现这种相互依赖、相互制约的关系，不能只就交通谈交通，而应当从遵循城市交通发展的内在演变规律与外部环境条件之间的相互作用关系出发，分析交通症结和相关对策[47]。20 世纪 90 年代中期，随着人民生活的进一步改善，北京、上海、广州等许多城市进入机动化的快速发展时期，私人小汽车进入家庭，人员往来明显增多，货物运输需求日益加大，城市交通需求大幅增多，拥堵现象变得越来越严重，交通供需之间矛盾十分突出。这一时期，城市交通规划无论在理论上还是实践上都有了新进展，越来越多的交通规划工作者认识到城市交通规划绝不能仅仅停留在城市道路基础设施建设上，而应与城市交通发展战略、策略的研究，与城市土地的利用、城市空间布局的协调、城市交通供给与城市社会经济发展的需求相匹配相协调。人们纷纷探索城市交通规划编制新经验，运用综合交通系统理论与现代交通规划方法研究和编制城市交通规划。北京、上海、广州等城市纷纷建立城市交通规划模型，从城市交通需求与供给、城市交通发展战略、城市交通政策选择、城市土地利用与交通规划决策、城市交通运营与管理等诸多问题上探索城市交通拥堵解决的政策与办法，进行多目标、多方案定性定量分析与比选。

1998 年，我国就城市交通规划召开“新形势下城市公共交通的发展和相关问题的研究”为主题的年会，研讨构建城市合理出行方式与比例、大力发展城市公共交通（含轨道交通）解决城市交通拥堵的问题，提出了“城市公交优先”的发展理念，认为城市交通发展战略要着眼于如何满足越来越多的城市居民出行问题，要让越来越多的人感受到城市交通的迅速、便利，使以公共交通为主体的出行模式成为首选方式。我国也因此迎来了运行速度快、运输容量大、综合经济效益高、环境影响小、相对安全舒适的城市轨道交通发展的热潮。1999 年底，北京、上海、广州等地已建成 120 公里的城市地铁轨道交通，35 个百万人口以上的城市中有 22 个城市筹划选择建设地铁或轻轨交通线路。这一时期，国内许多城市纷纷成立相应的研究机构或设计部门，城市交通规划的业务范围与业务内容也大大拓展，北京、上海、广州等许多大中城市也纷纷制定新形势下的城市交通综合发展规划，探讨城市交通拥堵问题的解决。大中城市密集区与城市间交通规划、城市枢纽换乘规划、城市停车场设施与布局规划、城市轨道交通发展、城市公共交通体系问题研究、交通工程与物流技术的应用等等问题成为新形势下城市交通规划研究的主题。

（3）21 世纪以来的城市交通发展与城市交通规划问题（2001 年以来至今）。

21 世纪以来，随着城市化、机动化进程的加快，社会经济发展、城市与城市交通和以往相比都有了质的变化。城市经济也进入了快速发展时期，中心城市带动周边卫星城市发展，城市空间结构不断扩大，大规模投资使城市交通基础设施迅速改善，城市交通出行总量也迅速上升，出行结构也在不断调整变化，城市交通运行状况和城市居民出行特征也发生了巨大改变：出行距离大幅度增加，机动化交通出行比例尤其是小汽车出行比例迅速加大，传统出行方式（如自行车）出行比例明显下降，交通拥堵在许多城市已成为常态化[48]。提高城市交通道路基础设施供给能力，满足日益增长的交通需求已难以为继，城市交通发展政策必须进行相应调整改变：一是城市交通规划由以道路交通为主导转向以满足城市交通需求者服务为主导。以人为本、满足城市多层次需求、提供多样化服务决定了城市交通规划的目标和努力方向。二是城市交通规划由过去较多的单一部门规划逐渐转向多部门、跨地区、跨区域的协同与联合。由于城区的不断扩大，多中心、多区域的逐步形成，城乡一体化进程的不断加快，城市交通规划的编制必须转向多部门多区域联合，推进城市交通一体化发展。三是城市交通规划中信息化、集约化、可持续发展的理念在渗透。改善城市交通系统，加快城市交通信息化建设，强化建立资源环境相融、资源节约与综合利用的城市交通运输新体系，不断满足城市发展新需要。

4.4.3 我国城市交通合理规划布局存在的主要问题

城市交通规划随着新理论、新技术的产生与城市化进程的加快，在我国许多城市得到了越来越多的重视与应用，但城市交通规划在我国仍然是一门十分年轻的学科，在实践摸索中仍然存在以下问题。

（1）城市交通规划的法律地位问题。城市交通规划作为城市总体规划中的一个重要组成部分，也只在《中华人民共和国城乡规划法》第17条中见到，而其规划的编制（谁来编制、编制者条件、编制内容、编制的目的与要求）、审批（审批权限、审批程序、审批的内容与依据）与实施（规划编制的执行、执行主体、执行的考核、评估与问责）等等都缺乏明确的法律法规规定；城市交通发展所需的土地、资金、产业发展政策以及运营保障条件也同样缺乏具有法律效力的相关制度与法规予以明确与保障[49]。

（2）城市交通规划发展趋向同化问题。从我国总体情况看，快速的城市化进程，加快了城市的现代化发展，但也引发了城市发展“跟风”问题。“千城一面”、同质发展，使得许多城市在发展目标、发展模式、发展手段和发展方法上趋同，城市交通规划缺乏分类指导，城市交通规划发展的理念、目标趋同，反映城市风土人情、历史发展脉络、对自身特点与规模、社会发展特质、城市交通需求却仍然偏少，盲目跟风甚至照搬照抄其他城市发展模式，以至于城市交通规划中“量体裁衣”“量身定制”少之又少，城市交通规划发展趋向同化问题在一定程度上影响了城市发展。

（3）城市交通规划中的“以人为本”问题。近年来，我国城市交通规划也处于不断探索创新之中，许多城市积极寻找解决城市交通拥堵新办法，不断调整补充城市交通新发展，但总体来看，城市交通发展人本主义思想依然缺乏，边规划、边设计、边施工、边开通、边维修、边报废现象常常存在，“面子工程”“形象工程”“重车重路”“车本位”的发展理念使得城市交通因人而建、为人服务的本质功能被削弱，城市交通规划注重城市道路建设，忽视城市规划的科学性、前瞻性，忽视使用者使用的真正需求[50]，导致城市交通规划中的人本主义思想落实的落后。

（4）城市交通规划专业人才相对缺乏的问题。从我们调研情况看，目前我国600多个大大小小的城市中，真正拥有专业化的交通规划研究机构和专业人才队伍的城市少之又少，除了北京、上海、广州、深圳等大中城市外，绝大多数城市几乎没有专门的交通规划研究机构，专业的交通规划人才队伍更是凤毛麟角。许多城市交通规划是在缺少专门人才、缺乏交通规划需要的基础调研数据的情况下盲目做出的，故交通规划的科学性、基础性、专业性、前瞻性、有效性等均难以得到保障。城市交通规划专业人才的相对缺乏制约了城市交通的科学有效地发展。

（5）城市交通规划空间结构布局不合理的问题。城市的发展离不开城市交通规划，便捷的城市交通为城市发展、城市形象增光添彩。城市交通规划是一项涉及面广、影响因素复杂、近期远期结合的可持续发展的系统工程，与城市发展紧密相连。从目前情况看，一是城市空间结构与城市功能结构的调整不同步，交通流向、时空分布不均衡，城市交通规划对城市空间结构的调整和城市发展的引导难度大。许多城市的发展、功能区域的划分、中心区域的调整不合理、不同步，直接导致城市交通需求的大幅增加，居民出行时空人为加大、距离不断变长、早晚高峰拥堵不断增多，城市发展与城市交通匹配需强化。二是我国的城市规划多数仍然是侧重于对城市土地使用利用的规划，而城市交通规划与城市土地使用利用规划相互结合、相互反馈协调做得不够，交通规划研究的重点仍然主要是放在路网道路的主干道和快速路的规划修建上，而城市道路网络所需要的次干路、支路、连接线路以及与城市发展、人民生活需要配套的城市停车场的修建却处于被忽略或滞后状态，使得城市道路工程功能不匹配、相关路段与道路交叉口通行能力不对等、道路通行能力与土地使用利用不协调加剧了城市交通的拥堵，城市交通规划空间结构布局不合理引发的矛盾已经展现在眼前。

4.5 城市交通需求管理问题

4.5.1 交通需求管理概念的产生

交通拥堵是城市化、机动化进程中必然的产物，是一种典型的“城市病”。城市交通系统在其自身的发展进程中也出现了许多始料不及的诸如交通安全、能源消耗、环境保护等问题，严重影响了城市正常的社会与经济发展。世界上经济起飞早、机动化程度高、人口密度大、土地资源相对缺乏的国家或地区，如美国、新加坡、中国香港等地率先提出了对交通需求要加强管理，试图将交通需求所产生的负面影响降低到最小，而采取的系列旨在引导或控制交通需求发展的政策或策略，就是最初的交通需求管理。

4.5.2 交通需求管理的概念内涵与主要内容

美国是首先引入交通需求管理（TDM）思想的国家，美国是世界上城市化、机动化进程最早最快的国家之一，经济迅猛发展的同时，也经历了交通拥堵带来的烦恼。为了解决城市交通中道路供给小于交通需求而引发的系列交通问题，美国在20世纪70年代初就已设立城市规划研究机构，主要研究城市交通改善规划。1990年美国在大气净化法中率先提出了交通运营与需求管理研究问题，1998年又在运输公平法中将交通需求管理、改善公共交通、建设运输系统网络、限制道路容量等作为最重要的交通需求管理政策。至此，交通需求管理思想基本形成[51]。此后由于能源、环境、拥堵等问题日益严重，越来越多的国家如荷兰、英国、新加坡等都运用了交通需求管理对交通进行管理与引导，以此推动城市协调发展。

交通需求管理是指通过交通政策等的引导，影响交通出行者出行方式或出行时空的选择，从而达到交通拥堵的减少。它涉及交通系统的各个方面，可以概括地定义为：通过影响出行者的行为，从而达到减少或重新分配出行对空间和时间需求的目的。因此，交通需求管理的主要内容包括：

一是在出行产生阶段，TDM 的主要目的就是尽量减少出行的产生。具体包括在平时的工作中，能够利用电视电话会议、电子传真信息等通信手段进行往来沟通的，就尽量不选择外出，从而减少出行行为的产生；二是在出行方式选择阶段，TDM 的主要目的就是鼓励人们尽量选择大容量、少污染、经济环保、便利的出行方式，从而协调交通需求发展。因而，及时提供交通容量大的交通运输方式是进行出行方式选择的首要条件；三是在出行路径选择阶段，TDM 的主要目的就是尽量引导人们在时间上、空间上错峰出行、均衡使用城市交通现有资源，达到交通流量相对均衡的目的。

TDM 在国外已经广泛被应用，TDM 用于解决城市交通拥堵、调整交通流量与流向、解决交通带来的一些问题具有十分重要的现实意义和长远意义，如美国、日本、新加坡以及欧洲各国，纷纷运用 TDM 来解决城市交通拥堵问题，收到了比较好的效果。

4.5.3 交通需求管理在我国面临的形势与问题

（1）对交通需求管理的内涵与重要作用认识不足的问题。交通需求管理在我国引入也只是近十几年的事情，许多概念与具体办法还有待深化，现实中应用还存在许多需要研究的问题。

（2）利用电视电话会议、电子传真信息等通信手段进行往来沟通仍需大力加强的问题。从全社会来看，召开电视电话会议，及时传达会议精神，做的仍然是相当不够。有些可开也可不开的会议，仍然没有精简；有些可以采取电视电话会议形式召开，却仍然是驱车百里甚至是千里赶往会议地点去参加，有些明明是具备电视电话会议召开条件，也不是非要每个与会者相聚在一起召开的会议也选择必须前往，人为地增加了长途和市内交通的需求；减少不必要的交通出行、节约时间与空间，做的是相当的不够，甚至干脆就没有这根“弦”。

（3）出行选择交通容量大、迅速快捷的公共交通运输工具在我国许多城市仍然是奢望。具体表现在：一是从我国600多个城市已有的交通运输方式看，拥有容量大的运输工具（或方式）的城市是少之又少。以轨道交通拥有情况为例，我国拥有轨道交通运输方式的城市基本局限在北京、上海、广州、深圳等城市以及少量省会城市，绝大多数城市出行仍然需要依靠并不强大的公交汽车和更多的私人小汽车出行，交通拥堵自然难免。二是我国城市交通管理主体分散，城市交通管理政策难统一，形成强大运输能力供给难的问题。从我国现有城市交通管理情况看，我国城市交通管理体制主体分散、条块分割、部门分割、区域分割，城市公路、地铁（轻轨）、公共汽车、出租车等分属不同的行政管理主体，形成各自不同的运输管理模式。遇到事情统一协调难度大，在城市交通发展模式选择上难以统一协调，为交通出行的选择制造了现实障碍。三是由于城市交通发展的历史与现实原因，我国许多城市城市道路狭窄，土地使用有限，公交专用道划定难、执行难，影响了交通出行者的选择，交通需求管理难仍然是绝大多数城市需要面对的难题。

（4）出行路径时间空间错峰选择上仍然难。原因主要：一是城市早晚高峰难错开的问题。绝大多数城市上班时间的选择依然是比较集中，错峰上班没有深入人心。二是城市交通需求管理基础条件仍然差，智能化、信息化、自动化水平低，在城市许多路口、公共交通枢纽换乘地带，交通运输路况、出行路径指引、车流始发到站信息电子显示屏幕依然安装的少之又少，难以满足出行者交通运输方式选择需求的需要。三是城市交通需求管理许多政策措施不配套，影响了交通需求管理的落实问题。例如，城市交通基础设施中更加人性化的设置天桥、地下人行通道的问题；取得驾驶执照门槛相对低，甚至不必经过严格的培训和考核也能获得驾驶资格的问题，汽车的驾驶是如此，电动车的驾驶更是如此（只要想买，都可以上路，是城市交通事故易发的重要原因之一）；除了少数几个大城市有限牌限号的问题，绝大多数城市机动车选用成本低、购买无约束无限制，客观上造成城市拥堵的难避免；城市交通参与人员素质低，法治意识弱。“中国式过马路”、互不相让的驾驶已经成为一种现象，既暴露了行人、司机的文明意识淡薄，也增加了城市交通需求管理难的问题，从而加大交通安全隐患。

5

国内外城市交通拥堵控制的总体情况与经验

5.1 英国伦敦城市交通拥堵及其控制

5.1.1 伦敦城市概况

伦敦作为国际化的大都市，是大不列颠与北爱尔兰联合王国的首都，是全国的政治中心，是英国王室、政府、议会以及各政党总部的所在地，是欧洲第一大城市和最大的金融中心，对世界具有巨大的影响力。

伦敦市隶属于大伦敦市，大伦敦由伦敦城、内伦敦、外伦敦组成，包括伦敦城和32个市区组成。内伦敦主要包括伦敦城外的12个市区；外伦敦是指内伦敦12个市区之外的其他20个市区区域；伦敦城是金融资本和贸易中心。人们还习惯将大伦敦市分为伦敦城、西伦敦、东伦敦、南区和港口。除了伦敦城是金融资本和贸易中心外，西伦敦是英国王宫、首相官邸、议会和政府各部所在地，东伦敦是工业区和工人住宅区，南区是工商业和住宅混合区，港口指伦敦塔桥至泰晤士河河口之间的地区，整个大伦敦面积1580平方公里。

伦敦人口由20世纪初突破200万人，此后逐步增长，至2007年，伦敦人口达到755.69万，人口密度4783人/平方公里。根据最新测算，2016年伦敦人口已达810万，人口密度5127人/平方公里。伦敦是一个世界大都市，居民来自世界各地，城市中使用的语言已经超过300多种，多元化的种族、宗教、文化影响着城市发展；此外，伦敦还是世界著名的旅游胜地，数量众多的文化景点、文化场地和各类博物馆，吸引着世界各地的人们前往游览和交流，与美国纽约、日本东京、法国巴黎一样成为四大世界城市之一。从1801年至今，号称大英帝国首都，其政治、经济、人文文化、科技发明等领域上的卓越成就，使其成为欧洲最大的经济中心，是世界最大的都市之一。

5.1.2 伦敦城市交通总体情况

伦敦拥有庞大的城市公共交通系统，特别是因其拥有四通八达而又庞大的地铁系统而闻名于世，地铁成为市内主要的交通工具。1863年1月10日，世界上第一条地下铁路——伦敦地铁的开通使用，截止到1991年，伦敦市内地铁干线已达9条、地铁总里程达到400余公里；自动控制信号、现代化的技术管理、全程自动跟踪服务为伦敦市民和游客提供优质服务。城市地铁每天运送300多万人次，70%的市民进入中心城区依靠地铁线路的通畅，此外，地铁还承担了每天早晚高峰时段35%以上的通勤客流量。

1897年，伦敦开始提供公共汽车服务，是世界上最早拥有公共汽车的城市之一。20世纪90年代，大伦敦市区共有城市公共汽车运行线路350多条，总运行长度里程达2800多公里，公共汽车6600多辆，且都是双层公共汽车，穿梭于大街小巷。此外，伦敦还有约1.3万辆出租汽车在市内穿梭运行，满足人们各种不同的乘车需求服务。

然而，这种服务随着城市人口密度的增大、旅游往来人口的增多而显得拥堵不堪。自20世纪60年代以来，伦敦城市道路网络交通堵塞问题越来越严重，城市中心区域、内伦敦、外伦敦行车速度持续降低。21

世纪初，伦敦中心城区行车速度平均为每小时 16 公里，交通拥堵造成的时间延误越来越长，拥堵问题已严重影响到城市的运行与发展，也影响到伦敦作为世界都市的形象。

5.1.3 伦敦城市交通拥堵治理的经验与做法

为了缓解伦敦城市交通拥堵和地面交通压力，伦敦市政府十分注重标本兼治，从规划到管理采取了系列有力举措梳理城市交通所遇到的问题，主要归纳为：

（1）政府加大投入，加快伦敦城市交通运输网络立体化建设，提高城市交通网络运行效率。

面对城市人口密度越来越大、交通拥堵越来越频繁发生的问题，为缓解城市交通拥堵，充分发挥城市地铁的重要作用，伦敦市政府从 20 世纪 90 年代中期开始，投入大量资金资源对年代久远、老化现象严重的地铁进行运营改造与扩建，14 条地铁线路纵横交错、贯穿东西南北，地铁线路车站 275 个、线路里程增长了 22%，高峰时段地铁每小时发出列车高达 90 班列，运营车辆达到 525 辆，每天运营客运量达到 380 万人次。2002 年 10 月，英国政府投资 1.45 亿英镑，对全市 92 个拥堵严重地区进行交通运行改进，建立循环交通运输系统，提高地面交通运行速度与运行效率，以减少交通拥堵。目前，伦敦市区大部分主干道和次干道上均设有公交专用道，建成公交专用道里程达 280 公里，公交车站 1.7 万个，拥有公共汽车、电车运行线路 700 多条（是 20 世纪 90 年代公交运行线路的 2 倍多），日均客运量高达 600 万人次[52]。2004 年，政府投资 3 亿英镑进行电车服务工程，目前已经建成并投入使用。线路从伦敦北部至伦敦南部，每年可运载 7200 万人次，既缩短了北部至南部的部分路段行程、节约了路途旅行时间，又减少了伦敦地铁网中北部线路和维多利亚线路段的拥堵，保障了地铁线路的运行与畅通，提高了城市交通网络运行的效率[53]，城市交通运输新网络立体化已经形成。

(2) 创新提出交通拥堵收费政策，并积极将其付诸城市中心区域交通管理，成效十分显著并形成良性循环发展。

为缓解城市交通拥堵，抑制旺盛的交通需求，伦敦率先提出征收城市交通拥堵收费政策，并努力付诸大胆的实践尝试。拥堵收费作为一项研究多年的战略，在 2000 年伦敦交通白皮书等相关法案上通过。与此同时，从 2000 年起，伦敦市政府把城市内原有的各大公司、公共场所的免费停车场一律改为收费停车场。2003 年 2 月 17 日经市长同意后开始对市内 21 平方公里范围内的 113 条线路道路和 8 座穿越边界的桥梁开始征收交通拥堵费，从每周一至周五的早晨 7 点到下午 6 点半时段内，私人小汽车、卡车以及货车进入指定区域内时，必须征收每天每辆车 5 英镑的交通拥堵费；周末和法定节假日除外（即不收费），而对区域内的居民则给予一定的减免。2005 年 7 月，费用也由原来的 5 英镑上升到 8 英镑；2007 年，收费区域进一步扩大到伦敦西部城区；2008 年底收费标准也由原来的 8 英镑上升调整到 10 英镑。

拥堵收费政策实施后，效果十分显著。两周内私人小汽车使用量减少了 15% ~20%，几个月后进一步下降到 30%。而与此同时，公共交通使用量则明显增加。根据有关调查，出入收费区域内市民中，有 50% 的人选择乘坐公共交通，25% 的人则选择绕行收费的区域，10% 的人选择出租或自行车等其他方式，城市中心区域居民出行方式、出行结构得到了较明显的改善。为了避免被收费，许多车辆也尽量减少进入城市中心地带，之前经常拥堵的区域或路段得到了缓解，交通运行速度得到了明显的提升，拥堵时间明显减少，道路交通安全在上升，良性循环在显现。

收费政策之所以取得成功，主要原因有两个：一是严密地组织管理和成功的科技手段支撑了收费政策的实施。伦敦市政府将此收费业务承包给伦敦交通公司，该公司则在收费区域路口专设了 200 多台与录有汽车牌照交通监控数据系统紧密相连的精密电子摄像仪，负责检查核查过往的应付费的车辆是否已付费。那些过往的应付费的车辆进了城却没有在傍晚前去付费，一份 80 英镑的罚单很快就会寄到过往车主家中了。二是收费政策规则可操作性强，法律责任清晰。收费政策明确规定每周一至周五早上 7 点之前与晚上 6 点半之后不收费、节假日不收费。许多人为了省钱，进城办事大多选在不收费时段内和节假日免费时段内办理。法律责任清晰的规定，一方面使得每天道路使用上得到了均衡，另一方面也减少了城市中心地带的拥堵，大大改善了城市中心区域的交通运行与堵塞，城市居民开始分享由此带来的喜悦，70% 的市民由原来的反对收费转向支持与赞成。收费政策实施一年内，伦敦交通公司共收到了 6800 万英镑的城市交通拥堵费；按照收费政策使用的规定，该笔收费将全部用于城市交通基础设施的改造与更新上。

此外，英国交通协调委员会还建议政府实行严格的交通管制，对不同的路段、不同的区域收取不同的路费，解决城市交通拥堵问题。伦敦交通主管部门也多次改善智能交通系统和道路监控设施，安装符合要求的智能交通运输系统与监控系统；加强对地铁、地铁站设施的维修与检修，加强地铁、公交、轻轨火车等的综合协调，鼓励社会民众乘坐公共交通工具、选用自行车环保出行，以减轻城市交通拥堵压力。2010 年 7 月伦敦市政府在市区设置了几百个自行车租赁点，为解决城市公共交通两头接续问题进行了积极有益的探索。

（3）“道路语言”的清晰完备，智能交通技术的使用应用，严格的检查与执法，交通安全管理的防范在增强。

英国是欧洲使用汽车最多的国家，多年来形成了一套行之有效的交通安全管理系统，其突出的特点表现在城市“道路语言”系统的清晰完备上、城市交通安全管理措施的到位上。以伦敦市为例，伦敦城市的道路交通很少有人车混合、都是各行其道。道路标志清晰可辨，左拐、右拐指示箭头明确；比较大的路口交叉多设置为环岛圆盘式交通，即便是在很繁忙的时候，永远让右行的规则使进入环岛的车辆只有在右边没有车辆驶出或转过来的时候才能进入环岛，环岛交通保持了线条流畅不堵塞。为了防止路口的堵塞，即便车辆左拐也必须等待绿灯指示信号的开放，确保车辆有序通过[54]。停车方面的规定家喻户晓，在一些普通道路两旁或居民区内，停车、临时停车或禁止停车的白、黄、红线清晰明了，一辆辆车整整齐齐地停放在允许停车的白色线停车场地内，车头与道路行车方向同向，停车或启动出车均不影响正常交通，更不会发生车辆堵塞卡死现象。城乡道路交叉口路面进行了渠化和硬隔离规范处理，区分左右转与直行车流；行人穿越道路时必须行走在白色斑马线内，白色斑马线与道路两旁的人行道无缝衔接，将行人与车辆区分开来，确保人车各自安全。

为了确保交通运行安全与畅通，伦敦市区安装了许多复合型智能交通系统设备和道路监控基础设施，如安装在道路两旁的传感器、摄像机，以及安装在道路路口编有相应程序的4800多个信号灯（简称信号灯计划）等，诸多的智能交通技术的使用为伦敦交通控制中心提供了及时、准确的实时交通信息。伦敦交通控制中心的监视器屏幕上可以清楚地显示城市所有交通状况，为城市交通管理部门跟踪与分析车流运行状况，掌握车辆运行中的突发事件，及时处理与疏导交通拥堵的发生提供了基础数据与依据。闭路电视监控、电子监控仪器、机动车号码识别仪遍布城市各个角落，实时记录违法行驶的交通工具与违法行为。为防止疲劳或超速驾驶，大客车、大货车上均安装了行车记录仪，记录车辆每天的行驶速度、运行时间、休息时间等，车辆所属公司负责每天的检查、教育和处理，车辆运管部门负责抽查公司记录情况，一旦发现不实或不作为，轻则进行相应处罚，重则吊销公司营运执照。交通运管部门的严厉执法、严格的交通违法记分制度，大大抑制了不良驾驶行为和各种交通状况的发生，安全管理的防范在增强。

5.2 法国巴黎城市交通拥堵及其控制

5.2.1 巴黎城市概况

法国首都巴黎，作为四大世界名城之一，巴黎位于法国北部巴黎盆地的中央，塞纳河穿城而过，城市建设在塞纳河两岸。历史上人们将巴黎区分为小巴黎、大巴黎。小巴黎是指大环城公路以内的巴黎城市市内，面积大约为105平方公里，人口约217.5万；大巴黎则包括城区周围的七个省，面积达1.2万平方公里，常住人口1170万[55]，几乎占全国人口的五分之一，是法国最大的城市，也是世界人口最多的大都市之一。

巴黎是法国的政治、经济和文化中心，也是历史文化名城。公元508年建都至今已有1400多年的历史，历代王朝在这里留下了一大批历史文化遗迹和艺术建筑，如埃菲尔铁塔、巴黎圣母院、协和广场、罗浮宫、凡尔赛宫等更是让人流连忘返。巴黎也是一个艺术之都，一个充满梦幻、浪漫小资的城市，也是一个时尚之都。在文化设施方面，巴黎已建成世界上最大的用电子计算机控制的现代艺术文化中心——蓬皮杜国家艺术文化中心。巴黎也是举世闻名的旅游胜地，每年有上千万的来自世界各地旅游者涌向巴黎，汇成各种语言与文化。经济生活方面，重建和改建了古老的商业中心区，如兴建了210米高、58层的蒙马纳斯摩天大厦。新建和扩建了巴黎四周的卫星城市，使市民有了比较宽敞和舒适的居住环境。

巴黎是法国政治、经济和文化的中心，也是重要的国际会议召开地、重要的国际活动场所地。每年有各种类型的国际会议在这里召开，各种各样的国际比赛、国际贸易活动、国际文化艺术交流与表演在这里举行，各行各业的专业性展览会在这里举办。常设的国际组织也很多，如联合国教科文组织的总部就设在这里。今天的巴黎，早已成为世界瞩目的地方，不仅是法国的政治、经济、文化中心，也成为西欧的政治、经济、文化中心。

5.2.2 巴黎城市交通基本情况

巴黎作为国际化大都市，人员往来频繁，交通需求旺盛。巴黎市区的交通，主要是依靠延伸到城市各个角落的城市公交、四通八达的地铁、区域快速铁路（捷运线）、Tramway 有轨电车、出租车与私人小汽车等组成。城市交通大致情况是：

（1）负责机构与负责范围。

RATP（巴黎公共交通联合机构）负责巴黎大区省际公共交通、地铁、二条城市交通线、省际铁路线、一条巴士线、一条有轨电车线和一条自动轻轨线 VAL，同时为奥利机场服务。省际交通分为 8 个区域：1 线到 2 线服务于巴黎中心，3 线到 5 线服务于近郊区，6 线到 8 线服务于远郊区。为了搭乘公共交通，每个乘客必须有一张只能单程用的盖戳车票，可以用于地铁、RER 和巴士。

（2）公交线路开行情况。

巴黎大区公交系统分布在整个巴黎与近郊区，拥有 1436 条线路，其中巴黎市区 62 条，巴黎近郊 3 省 205 条，远郊 4 省 1078 条，夜间行车线路 42 条以及大区内其他城市内线路 49 条。运行时间一般是 6：30 到夜间 20：30，所有线路用数字或者字母标记，一般 100 以内的纯数字线路都在小巴黎范围内行驶（部分线路运行到 0：30，但是有些线路周日、节日不运行）。在指定区域范围内的公共汽车，其一张车票可以在 90 分钟内转乘，但不可往返。此外，巴黎地区 42 条夜间行驶的线路，其运行时间为 0：30 到 5：30，为夜间乘车提供了便利。这种车次一般是周一到周五开行班次比较少，周六、周日、节日开行班次相对多，且所有线路均以 N 开头，后接数字予以编号。如 N01 和 N02 分别是巴黎中心区的两条环线，在周六、周日和节假日，约 10 分钟开行一班次；N11－16 是贯穿巴黎各个方向的 6 条运行线路，约 10 分钟开行一班次；

N1XX 是开往巴黎郊区的大巴车，一般一小时开行一班次；其他线路分别集中在 5 个中心，各有近 10 条线路，一般 20～60 分钟开行一班次。

（3）公共交通——地铁情况。

巴黎自 1898 年建设第一条地铁至今，整个城市已有 14 条地铁线路，分别用不同的颜色进行标记；运营总长度 211 公里，设有车站 380 个；拥有世界上第一个公共运营地铁系统，目前运营已经有 100 多年的历史，每天运营时间是早上 5：30 到晚上 12：30，周五、周六以及节日前夜，则会延长运行到次日凌晨 2：15。高峰时期开行的运营班次比较多，基本上市 2～3 分钟开行一列；进入夜间行车或周六行车，开行的班次频率稍稍降低，周日、节日班次相对较少。

（4）区域快速铁路（简称捷运线路）开行情况。

捷运线 RER 是连接大巴黎地区城郊的公共铁路交通线。对于巴黎市郊，戴高乐机场、奥利机场以及凡尔赛、迪士尼乐园等，一般需要乘坐 RER 捷运线抵达。5 条城际捷运线全部从巴黎市区穿过，与地铁线路形成交叉换乘，并在进入郊区后分成多条支线抵达不同方向的终点，覆盖了巴黎郊区的主要城镇[56]。开行时间是每天早上 5：30 到晚上 12：30，运营总长度 580 公里。一般 RER 的站台上都有一个电视机式的显示屏，标明每天开行的班次、时间、目的地，方便乘客选择与辨认。

（5）Tramway 有轨电车情况。

巴黎总共有 T1、T2、T3、T4 4 条有轨电车线，上车检票，所持同一票据可以转乘公交巴士线。

（6）出租车情况。

巴黎出租车作为城市交通的一个重要补充，满足了人们特定情况下的出行需求。整个巴黎大约有 4.2 万辆出租车，其中约有 1.5 万辆被允许在内巴黎及近郊区载客。所有的出租车均为个体经营，但需要取得个体经营许可证；也可以选择加盟某出租公司或组建联合出租车公司，并承担相应的责任和权利。

（7）私人小汽车情况。

由于经济高度发达，巴黎城区家庭汽车拥有量早在2001年就已经达到每两户1辆，距市中心5～20公里及20公里以上的地区，家庭小汽车拥有量分别达到每户1辆和每户1.3辆，整个巴黎地区1100多万人口拥有小汽车高达400多万辆[57]。如此多的小汽车无疑对城市交通与城市环境都带来了极大的影响。

5.2.3 巴黎城市交通拥堵治理的经验与做法

为了缓解城市交通拥堵，弥补城市公共交通收不抵支的状况。法国政府早在1971年就开始向巴黎市区及郊区9人以上的企业征收“城市交通税”，征收的比例是按工资总额1.2%～2%的比例缴纳城市交通税；1975年，巴黎市政府为鼓励人们乘坐公共交通，又推出了一项由员工所在企业或政府部门承担其雇员乘坐公共交通一半费用的政策。这一政策极大地引导了人们出行方式的改变，60%～65%的乘客转而选择使用公共交通来出行。为进一步落实和满足了人们出行方式的改变，加快了城市公共交通事业的发展，1982年法国总统颁布了《城市交通法》，提出了节能减排的“城市交通规划”新理念[58]，强调“城市公共交通的发展要体现优先的特点，城市公共交通管理是政府的任务”；《城市交通法》还规定了政府对公共交通应实行扶持的财政政策，在“城市交通税”的基础上建立“城市交通发展基金”，用于发展城市公共交通。1996年出台的《大气保护和能源合理使用法》中进一步确定了巴黎在可持续发展目标下的城市交通政策[59]；2000年制定了《大巴黎地区交通出行规划》[60]，加大了城市公共交通体系内部各种运输方式的协调，强化了城市公共交通与私人交通工具之间的相互衔接与补充，快速形成了比较完善的公共交通新体系，从整体上将城市中心区、近郊区、远郊区紧密衔接在一起，既突出中心城市作用，又兼顾卫星城市发展，取得了良好的效果。

（1）建设环形公交走廊配合城市功能布局。随着城区的不断扩大、城市人口密度的不断增加，快速增长的城市交通需求需要创新性思维模式来解决。城区的不断扩大，连郊区客流也明显增加，快速增长的交通需求也需要依靠城市道路来完成；建设环形公路，减少了穿城而过的车辆流量，使得城市与郊区、郊区与郊区之间联通更加顺畅与便利，既分流了区域交通流量、缩短了区域内外往来交流的旅途时间，又为城市区域板块的顺利发展提供交通基础，直接效果十分明显。分布在环形走廊附近的许多单位由此得到了快速发展，为区域内外提供了许多新的就业岗位和机会。

（2）开辟市内“公交走廊”专用快速道。公共汽车、消防车、紧急维修维护车、公共旅游车、出租车被允许行驶在公交专用快速道上，形成独特的“公交走廊”快速线上的风景[61]，其余车辆一律不得驶入。“公交走廊”专用快速道的开辟，极大地提高了市内公交线路运行速度。完善的地面公共交通与四通八达的地下铁道线路相互衔接，极大地方便了乘客的乘坐与转换，共同担负起了巴黎大都市繁重的城市交通运输任务。

为了保证公交专用道路的畅通，法国制定了严格的公交专用道使用规定，对在此类专用道上乱停车的处罚非常严厉。一般而言，普通车辆违章停车需要被罚35欧元，而在公交专用道上违章停车的处罚则高达135欧元。法国法律还规定，对未经特许进入公交专用道上的车辆与公交车发生碰撞交通事故时，无论事故责任在何方，未经允许进入的车辆均要负全责。如此严格的规定与处罚，公交专用道上的违规使用停靠很少发生。

（3）鼓励步行或使用自行车等对环境无污染的低碳出行方式。一是在城区已有道路允许的情况下，增设自行车和行人专用道，以鼓励和保障自行车和行人通行安全；二是增设自行车租赁网点，发挥自行车作为公共交通使用前后、两头接续的重要补充作用；三是在一些街区划定无机动车区，鼓励行人步行或以自行车代步；四是在市郊高运量区域公共交通站点旁，规划修建大型社会停车场或大型公交车枢纽换乘站，便利乘客在不同交通工具之间的转换；五是为减少路面小汽车的使用与出行，提倡小汽车（含出租车）共用搭伴而行，尽量避免一人开车上路的“空车”现象。同时，鼓励有条件的单位或社会企业，参与组织员工的通勤交通出行，或开班车或组织合理可行的合伙搭车上下班；六是在可能的情况下，调整居民区与商业网点的布局，尽力缩短人口流动的距离，减少交通需求与小汽车使用。

此外，巴黎市政府还规定了每逢无风日，则采取单双日车牌轮流限号上路的办法，以达到减少城市交通拥堵的目的。

5.2.4 巴黎城市交通拥堵治理措施取得的成效

(1) 观念发生了巨大的变化，健康出行意识逐渐引导形成。

在巴黎市政府系列政策与举措下，巴黎市民观念也悄然发生巨大的改变。相比私人小汽车而言，巴黎居民现在更愿意选择乘坐公共交通、步行或使用自行车出行，且出行的里程数也越来越短，出行的目的多出于工作的需要。

(2) 多管齐下提供便利，交通拥堵烦恼不断减少。

经过一系列相关举措，不论是巴黎市区人员，还是巴黎远郊区域的人员，因城市交通拥堵引起的烦恼在不断减少。即使是住远郊几十公里以外的大巴黎人，一般也都通过一至两种或三种运输方式的综合协调与转乘，多数都能在一小时左右抵达市区办公室，开始新的一天愉悦的工作。

(3) 节能减排见成效，空气质量得到明显改善。

节能减排是法国交通发展的重中之重，积极发展公共交通，减少私人小汽车出行，大力倡导使用集体交通，大力提倡无污染的交通运输方式，坚持可持续城市交通发展理念，严格无风日、车辆单双号尾数限行，实施城市“空气质量紧急计划”，使得巴黎城市污染物排放明显下降，广场、绿地交相辉映，空气质量得到明显改善。

5.3 日本东京城市交通拥堵及其控制的经验

5.3.1 日本东京概况

日本首都东京位于日本本州岛关东平原南端，是日本国的政治、经济、文化中心，拥有人口1264万，总面积2155平方公里，是世界上人口最多的城市之一[62]。

从海陆空交通枢纽、建成区面积、人口以及国民生产总值等指标看，东京是亚洲的第一大城市、世界第二大城市（第一是纽约），也是全球最大的经济中心之一。日本许多主要公司大多都集中在这里，多数分布在千代田区、中央区和港区三个主要区域等地，著名的京滨叶工业园区就在这里。涵盖的主要工业有钢铁、机械电子、精密仪器、石油化工、皮革纤维、造船与印刷技术等。此外，频繁的商业贸易往来、对内对外的商务交往、使得东京核心区域——银座成为东京最繁华的商业区域。东京作为日本的文化教育中心，拥有世界闻名的国家博物馆、西洋美术馆、国家图书馆，以及拥有全国80%以上的各种文化机构和出版社。东京作为一个国际化的大都市，经常举办诸如国际电影节、国际汽车展、国际文化交流节等各种国际文化交流活动。具有时尚、繁华却又不失古朴传统的特点。这里拥有集中了世界名店的银座、充满奇趣幻想的迪士尼、樱花烂漫的上野公园、被誉为不夜城的新宿，同时还保留了日本传统文化精华的浅草、年轻人新潮文化发源地涩谷、未来主义风格的台场，以及众多兼具自然风物和人文历史的公园绿地，天气好的时候还能远眺富士山的美景。日本是世界级的商业、金融中心，也是亚洲流行风潮的引领者。

5.3.2 日本东京交通的历史与现状

东京的经济迅速发展始于20世纪50年代，其间日本经济每年以人均 GDP 5% ~8% 的增长速度快速发展。东京小汽车也由 1950 年最初的 6 万辆上升到 1969 年的 200 万辆。由于日本城市布局受地理地形影响，人口密度大、道路相对狭窄、空间布局有限而交通需求巨大；各种类型车辆的增加，越来越多的车辆，导致交通拥堵大大增加。这一时期，东京经历了令人难以忍受的交通大拥堵[61]。轨道车厢的拥堵程度同样惊人，车厢根本无法正常上下乘客，地铁站台设有专人退乘客上车才能勉强挤进。

1974 年，东京政府正式提出建设以公共交通尤其是以城市轨道交通为主的城市交通新体系，痛下决心治理困扰城市发展的交通拥堵问题，坚持建设快捷、舒适、少污染、以人为本、多样化综合协调发展的城市公共交通新系统。20 世纪 80 年代，东京轨道交通进入巩固发展时期，轨道交通线网星罗棋布，形成了城市用地与空间布局相协调的环射状轨道交通网络。城市铁路和公路以东京为中心呈放射状辐射各地；从东京出发、延伸到九州，并向东北方向延伸的新干线，每小时速度高达 200 公里。地下铁路四通八达，与路面轨道交通、公路、航空和海运紧密相连，可以通达每一个重要地区，甚至通向全国和世界各地。

东京拥有世界上最复杂、最密集且运输流量任务繁重的铁道运输系统和通勤车站群，繁忙程度居全球第一位。此外。东京的轨道交通种类繁多，如与日本各大城市相连的高速铁路新干线、电气化铁路、地铁、轻轨以及有轨电车等满足人们不同的乘坐需求，交通非常便利；很多区域行人在几分钟内便可以发现一个地铁站或城铁站，极大地方便了旅客或乘客的乘坐。这些地铁或城铁线路在市内密集布设、相互联网、四通八达，换乘车站本着以人为本的原则、紧密衔接，不需出站即可实现换乘；发车间隔准时、密集，轨道交通点多面广线长，车站出口数量多而不乱，许多车站出口直接通向当地大中型企业、政府部门、著名商厦所在地（或附近)，公共交通成为人们出行的首选，极大地缓解了私人小汽车给城市带来的堵塞，

东京共有 23 个特别区，现有人口 1264 万人，每天还有流动人口约

200 万[63]；汽车 600 万辆，加上一体化的首都圈周边三县，车辆最多时有 1250 万辆。然而，并不宽阔的城市道路却承载了巨大的交通需求，交通干道永远是车水马龙，路况却秩序井然，即使是高峰时期也很少堵车现象发生。东京成为世界各国城市发展、治理城市拥堵成功的典范。

5.3.3 东京成功治理拥堵的经验

作为汽车工业大国，东京这样的国际大都市成功治理交通拥堵的经验就是很大程度上依靠政府对发展城市公共交通的高度重视、精心组织与协调，以及制定因地制宜的政策选择。二战后日本全国进行重建，经济高速发展，私人拥有汽车的数量迅速增加，城市交通陷入拥堵。人们试图使用各种办法来解决交通拥堵问题，例如，加快道路更新改造，不断新修城市道路，或将部分主干道设为单行线等；然而，这些措施对越来越多的交通需求作用十分有限，交通拥堵常常发生，必须找出更为有效的办法予以解决。因此，日本政府立即改变思路，多管齐下，收到了令人满意的效果。

（1）因地制宜优先发展轨道公共交通，疏解了拥堵。

在日本，土地资源极为有限和宝贵，土地的使用利用也显得十分的谨慎细致。由于地理地形，东京的道路并不宽广，必须因地制宜寻找容量大、占地相对少、污染少、便捷舒适的交通运输方式来完成越来越多的交通需求，因此发展轨道交通成为日本政府的首选。从 1927 年东京建成了日本第一条地铁开始，至今已建成以东京为中心，50 公里范围内，总长高达 2400 多公里的轨道交通线路，拥有地铁电车（陆上城铁）线路近 60 条；以东京站为起点，放射线路有 5 条；以东京站为中心，10 公里半径范围内中心城区有地铁 13 条，形成了一张密度高、辐射面广、四通八达贯穿东京整个城市的铁道交通网，成为东京公共交通的主力军。东京地铁运输系统的强大给力，使得东京地铁轨道交通系统每天承担的交通出行总量远高于伦敦、巴黎和纽约；据有关统计，每天轨道交通和公共汽车组成的公共交通网运送的乘客高达 2537 万人次，其中，轨道交通运输量又占公共交通客运量的86%[56]。东京地铁轨道交通运输系统的强大给力，缓解了交通拥堵。

（2）周到细致的服务实现了以人为本，缓解了拥堵。

庞大人口的出行需要周到细致而又便捷的运输服务。在东京，只要人们手边有电脑或手机，随时随处都可查阅出行线路、车次、时间、换乘点情况、出发与到达情况、购票检票信息动态，极大地方便了乘客出行；此外，每个车站出入口都还设置了周边地图，同样方便人们查找。更令人称奇的是，东京地铁不仅是线路多、分布广，更为重要的是换乘极为便利和准时，99%的线路人们均可在3～5分钟内完成换乘，站内指示牌随处可见，且交叉站点换乘也很便利，有的甚至不需要出站台，简单到车门对车门，基本实现无缝对接，最大限度地保障客流的顺畅。以人为本还体现在许多其他细节上，不同轨道线路都有便于乘客辨认的颜色区分，进站出站均设有专门的盲道，老弱病残孕也设有专门的优先座位。在城市道路交通方面，东京道路交通信号、标志、标线十分齐全，全市有15000个信号控制路口，每个路口都配有信号灯、交通标志和标线。此外，每个红绿灯路口的交通信号还配有专门的提示音，提示人们横穿马路和各行其道，交通规则深入人心，人车矛盾得到疏导。随着公共交通的改善和服务质量的提高，城市居民的出行观念发生了很大改变，纷纷改乘公共交通，公共交通使用利用率大幅上升，交通拥堵也因此得到很大程度地缓解。

（3）多管齐下成效显著，减少了拥堵。

除了大力发展轨道公共交通外，在治堵方面，东京也采取了许多旨在缓解城市拥堵的举措。一是面对越来越多的私家车问题。东京政府没有采取限行限号限购等方式来治堵限行，而是通过相关政策引导人们尽量不用或少用私人小汽车，以减少交通拥堵。如私人购车时，必须提供停车位合同，而市内高昂的停车费往往让许多人望而却步（停车费一般在每月2万到4万日元不等，这个费用相当于一个普通员工每月收入的十分之一左右，而这还没有包括私家车的使用运行费），达到减少购车和使用的目的；二是对于在使用的私家车，为了减少私家车乱停乱放，一方面，出实招、出重拳进行治理整顿；另一方面，进一步规范东京市区停车费用管理，道路两旁允许停车的范围内停车收费一般为每小时300日元，且只允许停放一小时；其他自动停车场停车费一般按每小时600日元至1500日元不等收取。由于停车场地的有限，东京乱停车现象仍然严重，原本是两车道的道路往往又变成了单车道，拥堵进一步加剧。从2006年开始，东京警视厅加大了治理，对违规乱停车的处罚可以“立即执行”，一般私人小汽车一次罚款可高达1.5万日元。严厉措施实施以来，收到了很明显的效果。主干道乱停车减少了81.5%，平均一小时的堵车距离缩短了40.5%，平均每5公里行车所需时间减少了10.8%，停车场的使用率也增加了21%[64]。三是采取强制措施，避免汽车机动车的无效行驶，减少道路拥堵。和我国许多城市不同，在东京往往很难看到在路上闲逛盲目行驶揽客的出租车空驶，它们往往停留在宾馆饭店、人员密集所在地或其他公共场所，这些地方泊车有相对固定的场所和空间支撑，以便尽可能满足顾客需要，又最大限度地减少车辆无效行驶带来的能源浪费，减少了拥堵。四是加强全民交通安全教育，注重从孩子抓起，培养人们主动、自觉的良好安全意识。

5.4 香港城市交通拥堵及其控制

5.4.1 香港城市概况

香港（英文：Hong Kong，缩写HK），是中华人民共和国的特别行政区（HKSAR）。香港地处中国广东珠江口以东、华南沿岸，地理位置是东经114°15′、北纬22°15′，由包括香港岛、九龙半岛、新界内陆地区以及262个大小岛屿（离岛）组成；香港的地形主要为丘陵，平地较少，最高点为海拔958米的大帽山；香港北邻广东省深圳市，南接广东省珠海市万山群岛，西与澳门隔海相对，距离为61公里，北距广州130

公里、距上海1200公里。

1840年之前的香港还是一个小渔村，岛上南部的赤柱、大潭笃和石排湾，东部的阿公岩、水井湾等，有一些渔民居住；其他黄泥涌、灯笫洲、七姊妹等几处，则有一些小村湾；当时，岛上的居民约3000人。1842—1997年，香港沦为英国殖民地。第二次世界大战之后，香港社会经济迅速发展，社会生产总值迅速增高，东西方文化在此交融，成为世界重要的经济、金融、贸易服务中心。1997年7月1日，中国正式恢复对香港行使主权，香港成为中国的特别行政区之一。香港实行“一国两制”、允许保留原有经济模式、法律和社会制度，除防务和外交事务归中央政府管制外，香港特别行政区享有高度自治。

截至2014年末，香港总人口约726.4万人，每平方公里拥有6578人，是世界上人口密度最高的城市之一，列居世界第3位。陆地管辖总面积1104.32平方公里、水域面积1650.64平方公里。香港是全球高度繁荣的国际大都市之一，是国际著名的自由贸易港口，经济自由度指数已经连续21年被评为世界首位，是国际和亚太地区重要的航运枢纽和最具竞争力的城市之一。香港素以优良治安、自由经济和健全的法律制度等而闻名于世，素有“东方之珠”“美食天堂”和“购物天堂”等美誉，也是全球最富裕、经济最发达和生活水准最高的地区之一。

5.4.2 香港城市交通基本情况

香港拥有高度发达与复杂的城市交通网络，主要由铁路、公共汽车、渡轮及由公路、桥梁及隧道等组成，是城市道路交通网络密度最高的地区之一，全港绝大部分地区实现了交通网络线路全覆盖，出行者可以极为方便地到达目的地。据有关统计，截至2010年数据，香港城市道路总数为2075公里，每千人拥有道路总长度为0.29公里，城市内部绝大多数车道宽度不足20米，7条地铁线路穿城而过、四通八达，线路总长91公里；汽车保有量60.8万辆，私家车保有量41.5万辆，公共巴士1.9万辆，出租车1.8万辆，平均每公里道路拥有汽车属

293 辆[65]。

香港拥有多条快速公路及连接路，组成9条交通干线，链接新界至九龙香港与大屿山。香港铁路有限公司主要运营与中国内地往来的区域铁路及新界新市镇及市区九龙、香港岛及大屿山新市镇之间穿梭的城市轨道交通系统，以及往返昂坪的缆车索道系统。此外，还有两间公司分别运营香港岛北岸行走的电车及接驳太平山山顶的缆车系统。香港电车有限公司运营行走在港岛西区至东区及跑马地之间的电车服务专线，全长13公里，共7个总站和123个分站为乘客服务。公共汽车（香港俗称巴士）是香港最主要的公共交通工具之一，主要分为专营巴士、非专营巴士及公共小型巴士三种。香港共有5间专营巴士公司，提供近700条巴士服务线路；非专营巴士（香港俗称为村巴），由不同的巴士公司提供，主要为市民提供专营巴士和专线小巴未能到达地区或区域的乘客需求服务；公共小型巴士（香港俗称为小巴）作为除了铁路以及公共汽车以外的主要辅助交通工具，为乘客提供了其他交通工具未能到达的运输服务；现有可用小巴4350辆，每辆可载客16人。香港巴士基本上都是按时按分准点达到，每年公交运营公司都需要上报线路发展、准点率情况，如果违反规定，是要接受处罚的。香港现有出租车（香港俗称为的士）18138辆，分布在港岛不同的区域为乘客服务；不同区域的士用颜色予以区分，各自按照相关规定行驶在相应区域内。香港的渡轮服务需要经过批准，持牌持照为往来港岛和偏远沿海小村提供渡轮服务，每天固定营运往返线路、班次、起始时间。香港90%市民使用公共交通工具，是世界上使用比例最高的城市。

5.4.3 香港治理交通拥堵的具体举措

（1）制定科学合理的城市交通规划，从源头上控制了拥堵的发生。

党和政府始终坚持将城市交通规划作为城市发展的重要组成部分，对城市交通的现状、发展进行过三次大规模的调查研究，并调动政府资源、专业人士、民间力量对城市交通运输规划进行集中研讨，确定了

“以城市轨道交通为主线，改善城市道路交通系统，提高城市道路系统的通达性、经济性”的指导方针。城市交通线路规划时，“每一块土地的城市建设发展容量都必须以交通容量为限”，从源头上消除城市交通需求超过可能提供的城市交通供给，形成了香港城市交通近、中、远期道路交通网络发展的基本思路与框架，并严格按照近、中、远期的城市交通规划进行城市道路的设计、施工与管理，最大限度地减少城市道路交通的无序或重复建设，确保城市交通的发展按照既定的规划有条不紊地向前推进。

（2）建设高效、集约、运力强大的公共交通，从供给上消除拥堵的发生。

在城市交通发展规划中，构建高度发达的轨道交通系统和多元化发展的城市公共交通体系，是香港特区政府破解城市交通困境、改善城市交通发展的努力方向。在公共交通发展中，香港政府的政策十分明确，对轨道交通的发展和公共巴士的发展给予大量财政补贴，以公交车享有特区政府的免税政策，公共巴士使用的柴油税费也相应减免，铁路公司土地使用享受优惠政策等多种方式支持公共交通发展。为了市民搭乘公共交通的便利，高架天桥、地道隧道、空中走廊比比皆是，将许多政府部门、大型购物中心、写字楼紧密连接成网，直接与城市地铁或公交总站相连。行人自由通道，可以走向附近不同的出发点，为行人拓展了很多步行穿梭的空间，且这些行人天桥、地道、空中走廊大多都安装了电动电梯，方便行人上下。四通八达的地铁、轨道交通、公共巴士，为香港人民提供了许多便利选择；每一个站点就是一个公交中心，“零距离”的换乘体现了人性化的设计。人车分流，各行其道，既不易引起车辆的堵塞，也解决了混合交通的争道问题。建设高效、集约、运力强大的公共交通，从交通供给上消除了拥堵的发生。

（3）严格的交通管理与高昂的相关费用，从使用上减少了拥堵的发生。

香港人性化的城市交通得益于其良好的交通规划与交通管理。在香港，乘坐公交巴士外出，车程一般控制在 20 ~ 30 分钟，对偏远地区而言只需要 40 分钟甚至更少，街上一般极少堵车，也很少看到指挥交通的警察，更不会看到挥舞着旗帜的协管人员，主要原因来自严格有效的交通管理。一是香港交通法律法规严格而有效。例如，酒后驾车一经确认，可判罚 2.5 万港元并判刑 3 年；无故变道将受到严厉地惩罚；乘客没有系安全带，最高也可罚5000 港元，甚至入狱3 个月；开车压黄线扣3分；超速 3 分起扣，闯红灯扣 5 分，随意停车扣 5 分等。行人违反交通规则，闯红灯一次，可罚款上千港元；若因此出了车祸，自己负全责，还要赔偿司机的损失和误工费[66]。二是香港的道路交通标志严谨而又规范，清晰明了的信息指引令行人与驾驶者准确地掌握与遵守。例如，根据不同地段、不同时点、不同线路，选择不同的标注指引与限制，“全天禁止通行”、“上午 7 时到下午 5 时”、弯道警示、换线提醒、何地禁行等等标注明了，并附有中英文提示。三是高昂的税费开支，驾驶员获取牌照难也较大程度上抑制了私人小汽车的增长与出行。在香港，车牌的获得除了驾驶技术外，还要对交通规则记得滚瓜烂熟、对香港复杂的地理地况十分地熟悉，否则将难以上路；高额首期购车登记税、昂贵的牌照费、高轮胎税，使用过程中的油费、燃油税以及昂贵的停车费也抑制了私人小汽车的出行与增长，越来越多的私家车主自动放弃使用小汽车的出行方式，转而使用其他公共交通工具。据香港运输署调研显示：平日里路面上奔跑的私家车总量不到私家车的 30%，即便是收入不菲的高端人士与位居高职的政府官员，多数也选择公共交通；大量私家车处于“休眠”状态，极大地减少了道路交通的拥堵。

（4）良好的市民素质与现代化手段的运用，从管理上减少了拥堵的发生。

一是良好的市民素质，来自深入人心的安全教育。香港对城市市民的安全教育坚持从小抓起，养成良好的习惯。通过城市交通安全知识讲座，举办交通法规制度的安全知识竞赛，注重从小抓起、从少年儿童的交通法治意识抓起。严格遵守交通法规，按交通法规办事，已成为香港人生活的常态。红灯停、绿灯行，已经成为行人与驾驶员共同遵守的交通规则。不超速、不抢道、不加塞、不闯红灯、不按喇叭、更不粗口大骂，反映了香港市民整体风貌，自觉排队已成为香港市民的生活习惯，横穿马路不走人行道会遭人异样的眼光……，良好的市民素质减少了交通拥堵的可能。二是现代化手段的运用便利了交通管理。电子信息、网络技术的运用，极大地方便了乘客出行方式、出行工具、出行线路的选择，乘客可以通过各种渠道获得最新的交通运输动态；电子扫描仪、自动收费系统的运用，驾驶员可以不停车通过收费站点，避免了人为的堵车；繁忙的交叉路口也使用了根据车流与人流情况进行适时调整的分时分段的控制，使车辆总的通行时间达到最小，道路拥堵情况也最少。

5.5　其他城市的交通拥堵及其控制

5.5.1　德国城市交通拥堵及其控制

1. 德国概况

德国位于欧洲中部，北邻丹麦，西部与荷兰、比利时、卢森堡和法国接壤，南邻瑞士和奥地利，东部与捷克和波兰接壤；由16个联邦州、13552个市镇组成，首都为柏林；国土面积35.7万平方公里，以温带气候为主，人口约8230万人，是欧洲联盟中人口最多的国家，城镇化率已超过95%，是世界上城镇化率最高的国家之一。德国经济繁荣，经济总量位居欧洲前列，排名世界第四。

2. 德国的交通运输总体情况

德国交通运输由铁路、公路、水运、航空等多种运输方式组成，形成四通八达、方便舒适的交通运输体系。德国私人汽车保有量已接近5000万辆，每千人拥有汽车保有量600多辆。

德国城市交通主要包括轨道交通（含传统铁路、城市地铁、轻轨、有轨电车等)、公交汽车、出租车系统等组成，航空和水运站点主要承担跨境或长途运输任务，绝大部分客运服务依靠轨道交通与公交汽车来完成。作为公共交通高度发达的国家，德国公共交通每年出车数近100亿辆次，每年约86%的民众选择公共交通出行[56]。

3. 德国城市交通拥堵防范的经验与举措

第二次世界大战结束后，德国经济开始迅猛地恢复，私人小汽车迅猛增加带来了城市交通巨大的压力。城市街道普遍的狭窄、中心区域空间的压缩使得城市更加的拥堵。出行难、行路难也同样困扰着城市的发展。为了解决城市交通拥堵问题，德国政府进行了下列系列工作予以改进：

（1）“需求主导、因地制宜”构建城市公共交通新体系。在德国，城市交通管理按照联邦、州、市镇三级管理体系划分，按照历史现状、地理地势、交通需求，负责各自管辖范围内公共交通系统的规划与建设。公共交通行业协会也发挥其行业领导的重要作用，协调各级政府之间、政府与公共交通企业之间、公共交通企业与企业之间的联络与沟通，制定公共交通标准、规划咨询服务等。不同层级城市的交通规划坚持“需求主导、因地制宜”，形成了不同层级城市不同交通运输方式特点的城市交通系统。

（2）制定相关法律法规，从制度层面保障城市交通体系的建设。德国政府高度重视公共交通体系建设，先后制定了《乡镇社区交通资助法》《公共交通系统区域化法》，从战略层面指导城市公共交通体系建设，保障公交系统建设资金优先。例如，《乡镇社区交通资助法》规定每年联邦政府必须投资16.67亿欧元用于改善乡镇社区交通现状；《公共交通系统区域化法》规定联邦政府每年从联邦税收中专列公共交通系统建设与发展资金，补贴其建设与运营的不足。

（3）加快城市交通系统改造，提供容量大、方便快捷的运输服务系统。对人口一超过50万人的城市，首先考虑的是建造轻轨交通系统，其后逐步转变成快速轨道交通系统。1962年，德国11个城市（如科隆、法兰克福等）决定建设轻轨，并随后升级为地铁系统。1963年慕尼黑市制定了城市交通规划并付诸行动。20 世纪 80 年代，慕尼黑整个城市公共交通系统拥有轨道交通 543 公里，成为轨道交通的领先者。20 世纪 80 年代之后的 20 年，德国各个城市不断完善城市交通系统，延伸轻轨和快轨的线路与服务，形成了鲜明特色的多种轨道交通并存体系。

（4）“零距离换乘”“无缝化衔接”“统一的乘车票制”“准点的运行”，为德国城市交通拥堵的解决做出了重要的贡献。“零距离换乘”“无缝化衔接”主要是指乘客换乘时间的衔接与换乘地点的选择。在德国，良好的换乘主要体现在空间上的换乘和时间上的衔接两个方面。空间上的换乘主要是通过多种运输方式相对集中的枢纽站点的设计与运营来实现；时间上的衔接主要是通过多种运输方式始发时间的衔接来体现。此外，为方便市民选乘公共交通，实行了统一票制，改善乘车环境；对于同一线路不同运输方式停站站点实行统一共用；在市郊的轨道交通、公共汽车等站点周边，建设配套停车换乘车场；在公共交通站点站台上设置公交到站时刻预告牌，提供动态到站信息，减少乘客等待时间，提高公共交通吸引力与效率[67]。

5.5.2 新加坡交通拥堵及其控制

1. 新加坡概况

新加坡是一个城市国家，原意为狮城，全称为新加坡共和国，是东南亚的一个岛国。北纬 1°18′、东经 103°51′，北部柔佛海峡与马来西亚为邻，南隔新加坡海峡与印度尼西亚相望，毗邻马六甲海峡南口，国土除新加坡岛之外，还包括周围数岛，国土面积 718.3 平方公里，人口总数 500 万，人口密度约每平方公里 7000 人，机动车总数 72 万辆，其中私人小汽车 41.4 万辆[68]。

新加坡作为世界贸易组织（WTO）成员、英联邦（The Commonwealth）以及亚洲太平洋经济合作组织（APEC）成员、东南亚国家联盟（ASEAN）成员国之一，地处亚洲，属于亚洲的发达国家，被誉为

“亚洲四小龙”之一。根据2014年的全球金融中心指数（GFCI）排名报告，新加坡已经成为继纽约、伦敦之后的第三大国际金融中心，也是亚洲重要的服务和航运中心之一。

2. 新加坡交通现状

新加坡城市交通主要由地铁、轻轨、公共汽车、出租汽车组成。大量建造于20世纪80年代的地铁全长149公里、有99个站，由东向西的干线和由南向北的环线组成，地铁系统将主要的新镇与中心区域连成整体，是新加坡陆地上主要的交通运输工具；新加坡轻轨始建于20个世纪末，修建的目的是将偏远的新镇地区与地铁系统紧密相连，进一步拓展了地铁系统的延伸服务，目前轻轨里程长达29公里、有43个站。

新加坡的公共汽车线路有344条，运行线路网遍布整个城市，覆盖每个街区巷尾；公共站点按照站点所处地理位置、功能用途的不同，分为枢纽站、首末站、中途站三种类型，通常枢纽站也往往是多条线路、地铁轻轨站点的汇集点，形成集轨道交通、公交车站、商业网点或休闲娱乐于一体的城市综合体；1.63万辆公交汽车由两个公司运营管理，日均完成客运量高达350万人次[69]；每个站点每15分钟就有一辆公交汽车按时到达，时间误差只允许在1~2分钟范围内。居民从家里出发，不足400米必设一个到达“站”，四通八达的公共交通网络支撑着新加坡强大的交通需求。新加坡每个城市都设有公共汽车专用道，公共汽车早晚高峰期以及规定的时段内都有优先通行权。而交叉路口错落有致的红灯绿灯，时刻提醒行人与驾驶员们注意路边行走与行车安全。新加坡出租汽车总数27163辆，由7家出租公司和少量历史上遗留下来的个体业主经营，日流量已达93万人次[70]。

3. 新加坡城市交通管理的新措施

解决新加坡如此高密度人口的交通运输问题，是新加坡城市交通管理最成功之处。

第一，高度重视城市公共交通规划工作，将城市交通规划与城市土地使用紧密结合，努力提高城市土地的使用利用效率，在实际工作中减少盲目性。新加坡作为一个独立的城市岛国，自国家诞生之日起，就十分重视城市的建设规划。在城市建设规划中，对城市进行相应的功能定位与划分，并进行了与之配套的交通发展与布局，减少道路交通网络建设的盲目性与冗余度，集约土地资源的使用利用。

第二，交通法规健全，守法意识增强。新加坡的交通管理、交通安全、交通环境保护、交通机构的设置，都有一套明确完整的交通法律规章制度。有法必依、违法必究、执法必严。一名司机闯了红灯，会马上接到一张传票；一次超速，会扣分并受到相应地处罚。转弯不抢道、不闯红灯不超速、行人横穿马路须走斑马线等等规定，已深入人心并成为人们普遍的自觉行为，法律意识浓厚，守法意识增强，也大大防范了交通拥堵发生的可能。

第三，新加坡交通基础设施完善，道路交通标志清晰明了，多管齐下的交通安全管理，极大地减少了交通事故发生的可能性。例如，新加坡主要道路岔口多以人行天桥或立交桥来疏解交通，加大交通流量的通行；城市道路标志以及标线非常完善与醒目，施工场地内的临时道路标志也不能例外，这些标志标线和自动化的电子信号显示，高效、实时、动态的全方位服务，为新加坡交通安全奠定了良好的基础条件。为了加强交通安全管理，新加坡还在交通管理中设置了举报电话，公民发现了违反交通法律法规的问题，可以及时举报；遇到了交通上的麻烦，也可以及时投诉。高峰时期进入某些特定的繁忙路段，必须符合有关规定，不得随意进入。在交叉路口，转弯车辆必须在转弯车道上耐心等待直行车辆的通行；公交汽车在交叉路口也可优先排队、优先通行。

第四，科技支撑，创造形象，实现管理智能与高效运行。为了吸引更多的人乘坐公共交通，提高城市公共交通出行分担率，新加坡在城市2000多个交通路口进行实时管理和监控，每个停车场都安装了停车车位信息显示系统为需求者提供信息服务。除了强化交通安全管理外，新加坡还十分注重对乘车环境的打造，一方面为乘客提供温馨、美观、舒适、有丰富文化内涵的良好乘务环境，无论在站车、站场，还是在车辆线路选择设计上，均体现乘客至上的设计理念和服务思想，注重形象的塑造；另一方面利用现代科学技术手段安装电子触摸广告牌，为乘客提供准确、及时的出行信息，方便乘客信息的掌握与获得，以帮助乘客及时调整出行的计划与路线。良好周到的服务为新加坡公共交通与管理赢得了极高的声誉与美誉，60% 以上的市民选择公共交通出行，85% 的公共交通使用者可以在一个小时内抵达目的地[70]。

第五，在高峰时期进入中心区域的车辆，必须持有区域特许证方可进入。为了减少高峰时期的车辆拥堵，在所有可能进入中心区域的路口设置了电子信息显示牌，显示持有区域特许证的车辆进入中心区域的起始时间。交通管理部门对道路交通情况进行监测，对违反相关规定的车辆进行拍照和录像，记录其违规的时间、违规的具体内容，作为日后处理的重要依据。

6

城市交通拥堵及其控制的政策与策略

6.1 国内外城市交通拥堵治理的经验与启示

从前面阐述的交通拥堵及其控制的经验来看，国内外城市解决交通拥堵的基本经验为我们指明了解决问题的方向，值得我们学习借鉴：

启示之一：世界上几乎所有先进发达的国家在其城市发展进程中，都经历了城市经济发展与城市交通拥堵的过程，伦敦、巴黎、东京、中国香港、新加坡等大城市都概莫能外。我国目前正处于城市化、工业化进程中，城市交通问题地出现在这个发展进程中也是难以避免，关键是我们应如何从已有的城市发展进程中吸取先进发达城市的经验教训，梳理自身城市交通发展道路，及时调整、处理和协调交通拥堵问题的发生，疏导和防范交通拥堵的进一步发展。

启示之二：从国内外先进城市治理交通拥堵的经验看，解决城市交通拥堵问题首先是梳理或制定城市交通规划，城市交通规划坚持与城市发展紧密结合，并在日后的发展集中财力人力物力资源，坚持按交通规划发展目标发展，并几十年如一日始终坚持不变，通过长期的投资建设形成强大的城市交通运输能力，满足日益增长的城市交通需求。例如，英国伦敦市解决城市交通问题的经验就是加大政府投入，完善城市交通运输网络，形成以地铁、电车为主干，强大（容量大）、便捷、四通八达的城市立体化交通运输网，为城市交通拥堵的解决提供有力的技术支撑；又如日本东京，面对日益高涨的城市交通需求，20 世纪 70 年代，东京政府正式提出建设以公共交通尤其是以城市轨道交通为主的城市交通新体系，痛下决心治理困扰城市发展的交通拥堵问题。在这个新体系建设中，因地制宜走适合自己的城市交通发展道路，集约使用城市土地，坚持建设快捷、舒适、便捷、少污染、运量大、综合协调发展的城市公共交通新系统；目前轨道交通线网星罗棋布，换乘车站以人为本、紧密衔接，城市用地与空间布局综合协调的优美乘车环境，成为成功解决城市交通拥堵问题的新典范。再如，中国香港特区政府为了疏解交通拥堵问题，曾经对城市交通的现状、发展进行过三次大规模的调查研究，并集中政府资源、专业人士、民间力量对城市交通运输规划进行研讨，科学合理制定城市交通规划，并严格地按照规划从源头上防止交通拥堵的发生。

启示之三：容量大、运力强的公共交通基础设施的建设与优先，为城市交通拥堵的疏解与交通需求的调节提供了前提基础与可能。在伦敦，面对强大的运输需求，为疏解交通拥堵，市政府持续投入大量资金，加快城市地铁、电车轨道交通与地面道路交通主干道、次干道、公交站点的运输网络改造与修建，为立体化交通运输网络的形成奠定基础。在巴黎，市政府成立专门机构负责协调公共交通服务，统筹公共交通事业发展，完善路面公共交通与地下四通八达的地铁线路公共交通体系，为建立强大、快速的公共交通系统，疏解交通拥堵奠定了基础。在东京，面对难以忍受的拥堵，东京政府在 20 世纪 70 年代就正式提出因地制宜建设轨道交通为主体、其他交通为补充的城市交通新体系，痛下决心治理城市交通问题。形成了轨道交通线网星罗棋布、城市用地与空间布局协调发展的四通八达交通网络，极大地调节了交通需求与拥堵。在中国香港，建设高效、集约、运力强大、高度发达的轨道交通系统和多元化发展的城市公共交通体系，从供给上消除交通拥堵发生的可能，是香港特别行政区政府成功破解困惑城市发展、疏解城市交通的经验写照。在德国，“需求主导、因地制宜”，加快城市交通系统改造，提供容量大、方便快捷的运输系统服务是其努力方向，各个城市不断完善城市交通系统，延伸轻轨和快轨的线路与服务，形成特色鲜明的多种轨道交通并存体系。人口密度居各国城市前列的新加坡，也通过构建四通八达的公共交通网络、提供强大的运力支撑来满足日益增长的巨大的交通需求。

启示之四：各个城市提供周到细致的服务引导了交通、满足了需求，缓解了拥堵，成效显著。为解决城市巨大人口的交通出行，除建设运力强大、系统完善的城市交通系统外，每个城市在周到细致的服务上狠下功夫。在伦敦，14 条地铁线路纵横交错、贯穿东西南北，方便乘客乘坐；“道路语言”的清晰完备，智能交通技术的使用应用、现代化的技术管理、全程自动跟踪服务和高峰时期高密度的始发列车为伦敦市民和游客提供了极为便利的交通运输服务，疏解了交通。在巴黎，为鼓励人们乘坐公共交通，巴黎市政府加大了城市公共交通体系内部各种运输方式的协调，强化城市公共交通与私人交通工具之间的相互衔接与补充；建设环形公交走廊配合城市功能区域的布局与开发；修建大型社会停车场或大型公交车枢纽换乘站，便利乘客不同交通运输方式之间的转换；开辟市内“公交走廊”专用快速道，极大地提高了市内公交线路运行速度；增设自行车出租网点，为乘客提供两头低碳环保而又便利的接续服务，得到民众普遍欢迎。在东京，只要人们手边有电脑或手机，随时随处都可查阅出行线路、车次、时间、换乘点情况、出发与到达情况、购票检票信息动态，极大地方便了乘客出行；清晰可见的站内指示牌，极为便利的换乘、始发到站的准时，最大限度地保障了客流的顺畅。良好周到的服务实现了以人为本，极大地疏解了交通，缓解了拥堵。在香港，面对人多地少的客观现实，为了市民搭乘公共交通的便利，高架天桥、地铁隧道、空中走廊比比皆是，将许多政府部门、大型购物中心、写字楼直接与城市地铁或公交总站紧密相连；行人自由通道，可以走向附近不同的出发点，为行人拓展了步行穿梭、方便搭乘的空间；四通八达的地铁、轨道交通、公共巴士，为市民提供了许多便利选择；每一个站点就是一个公交中心，“零距离”的换乘体现了人性化的设计。人车分流，各行其道，既不易引起车辆的堵塞，也解决了混合交通的争道问题。高效、集约、运力强大的公共交通，从交通供给与服务上消除了拥堵发生的可能。在德国，“零距离换乘”“无缝化衔接”“统一的乘车票制”“准点的运行”，为德国城市交通拥堵的解决做出了重要的贡献。在新加坡，基础设施完善，道路交通标志清晰明了，每个乘务站点、停车场都安装了电子信息显示屏幕，方便乘客信息的掌握与选择。在车站站场、车辆乘务环境、车辆线路选择设计上，注重形象设计与文化，体现温馨、舒适与乘客至上的思想，极大地提高了公共交通吸引力与选乘率，60%以上市民选择公共交通出行，缓解了城市交通的拥堵，效果十分显著。

启示之五：政府政策的制定与坚决执行，严格的交通执法与需求管理，减少了拥堵发生的可能，调节了交通。在伦敦，为了拟制日益旺盛的交通需求，伦敦市政府率先提出征收城市交通拥堵收费政策，并坚决大胆地付诸实践。收费政策之所以成功，就是得益于严密地组织管理和严格的付费制度，对那些过往应付费的车辆没有在规定时间内去付费，则高达应付费十倍以上（初期是十六倍）的罚单很快就寄到应付费车主家中了。如此严格的付费制度，许多车辆不敢轻易进入拥堵路段或区域，之前经常拥堵的路段或区域立即得到了明显的缓解，车行速度明显的提升，道路交通安全在上升，收到了很好的效果。在巴黎，政府决定在狭窄的道路为保障公交优先行驶，专门开辟“公交走廊”专用道，并制定严格的“公交走廊”专用道的使用规定，保障“公交先行”的落实；快速的公交优先吸引了越来越多的市民选择公共交通出行。而对未经特许而使用占用此类专用道的车辆处置却相当严厉，严格的执法保障了公交优先的畅通。在东京，在政府大量的财政政策与资金投入公共交通建设的同时，对私人小汽车的使用与拥有也做出了相当严格的要求。如私人选车购车时，必须提供停车位合同；而市内高昂的停车费用和违规乱停车“立即执行”的处罚往往使许多人望而却步。严格的交通执法与需求管理，调节了交通需求，缓解了交通拥堵。在香港，严格的驾驶证获取制度，高额的首期购车费用、使用过程中昂贵的税费开支以及停车费用，在很大程度上抑制了私人小汽车的出行与增长，也使得越来越多的私家车主自动放弃小汽车的开行，转而使用公共交通工具，交通需求得到了有效地调节与控制。在新加坡，建立健全的交通法规，严格的有法必依、执法必严，深入人心的守法意识与自觉，为新加坡交通安全与需求管理奠定了良好的基础。

启示之六：国内外城市交通拥堵的治理与经验直观地告诉我们，城市交通拥堵的治理不是一蹴而就的，是一个复杂而又漫长的过程，需要系统的思维和多方面的协同配合。第一，是行政管理与技术的相互补充与配合。不论是英国伦敦还是我国香港，不论是法国巴黎还是城市国家新加坡，将行政管理与技术结合是其城市拥堵治理中十分显著的特征之一。第二，多元化的政策引导，进一步优化城市交通出行需求。从国内外城市交通治堵的有关经验看，无论是英国伦敦、法国巴黎，还是香港、德国、新加坡，他们的城市治理都采取了多管齐下的政策办法，例如严格的购车管理，严格的停车收费计划、严格的道路指引标志与交通执法过程，推动了交通需求的改变，改善了城市交通的出行，收效良好。第三，是城市交通规划与城市交通管理的相互协调与配合。城市交通规划为后续城市交通管理提供了基础，城市交通规划体现以人为本的思想、落实以人为本的理念、体现更多的人性化，而城市交通管理是城市交通规划思想进一步落到实处的重要保障。

6.2 我国城市交通拥堵及其控制的模式选择

城市交通问题仍然是国内外城市发展中普遍需要面对和高度重视的重要问题之一。国内外许多城市在长期的实践中，结合自身的具体情况进行了许多有益的探索和总结，最终选择了适合自身发展道路的模式选择与治理。

6.2.1 国内外城市交通发展的主要模式

从现有的历史资料与调研情况来看，国内外先进城市在城市交通治理进程中，从供给角度看主要可归纳为以下几种发展模式。

（1）以小汽车为主、其他为辅的城市交通发展模式。

这种方式的选择典型代表是美国，其次是西欧发达国家在较早期常见的城市交通模式。美国是世界上最大的移民国家，也是世界上新技术开发和使用最快的国家。美国早期的城市发展，道路线网密集，有轨电车以运量大、票价低、沿街小巷便利而成为城市市民普遍使用的工具。随着汽车工业的迅速崛起，公共汽车以更灵活、机动、便利的特点得到人们普遍的喜爱，有轨电车逐渐被取代。第二次世界大战结束后，中东石油的廉价输出，使得美国在特定的历史环境中迅速崛起，小汽车的发展也突飞猛进，公共交通乘客普遍减少并濒临倒闭。美国政府顺应形势发展，迅速建造了大量洲际公路和各州公路，城镇相连，路路相通，使得美国成为世界上规模大、道路功能体系最完善的国家，城市交通中除了美国北部人口密集、交通拥堵的大城市以公共交通为主外，大部分地区和城市均以小汽车为主要交通运输方式，小汽车也成为普通民众的基本代步工具。每个家庭拥有 2 部以上小汽车已经成为很普遍的事情，“驼在汽车轮子上的国家”也成为其重要的标志。

这种模式的运行导致公共交通客运量直线下降，小汽车运输大幅上升；年轻人向往居住条件更为宽松舒适的郊外生活，用地分散的居住方式使得公共交通更加没有用武之地，许多公交企业纷纷倒闭关门；无车者或无能力驾驶者出行更加不便利；城市郊区化发展，市中心人口骤减，中心城市衰败。进入 20 世纪 90 年代以来，美国也开始反思自己的发展道路，但美国业已形成的城市布局与生活方式已经使得问题的解决变得异常的困难，付出的代价巨大。

（2）以小汽车为主，逐渐转变为以城市地铁、新型快速轨道交通为主、其他工具为辅的城市交通发展模式。

这种模式在西欧诸国比较普遍采用。西欧历史悠久，庄园城堡、教堂和各式各样的民居建筑，体现了其古老的历史文明与积淀。电车是欧洲许多国家首都的重要交通工具，自行车的使用也十分普遍。然而，随着1886年1月29日，德国的朱卡尔·木和戈特利布·戴姆勒获得世界上第一辆汽车的专利权，汽车走入人们的视线并成为重要的交通运输工具。小汽车的问世与普遍使用，使人们经历了由自行车、电车迅速向小汽车转化的时期，特别是第二次世界大战后，欧洲各国热衷拥有小汽车，市区交通流量骤增。如法国曾经也热衷发展小汽车，提出要让每个职工拥有小汽车；原联邦德国也是如此，到20世纪70年代末，联邦德国人均拥有小汽车达到0.4辆。在那个时期，西欧发达国家的城市迅速进入小汽车为主、电车与自行车为辅的城市交通发展状态。然而，这种模式由于汽车交通发展过猛，致使道路拥堵严重，环境影响巨大，迫使各国反思城市交通问题。维护城市地铁，修复有轨电车，加快城市地铁与轻轨建设改造，完善城市公共交通体系建设，成为欧洲各国的共识。由以小汽车为主，逐渐转变为以城市地铁、新型快速轨道交通为主、其他工具如公交汽车、小汽车、城市有轨电车等方式为辅的城市交通发展模式得到了广泛应用。如英国伦敦、法国巴黎、德国城市改造均以此模式为依据，并收到了极好的效果。日本在二战后也清醒地认识到，解决城市交通问题必须依靠容量大、占地省、污染少的城市轨道交通系统来疏解。据调查，东京每天803万人次的出行中，轨道交通占73.6%，步行、自行车、摩托车占比为14.7%，小汽车仅为7.8%。可见，东京的主要交通方式是轨道交通，轨道交通的巨大作用得到充分的展现，交通拥堵得到了很好的疏解。

（3）以城市地铁和公共汽车为主，小汽车为辅或重要补充的城市交通发展模式。

这种模式的选择在后起的经济发展较快的国家较为常见，例如新加坡和我国的香港就是属于这种模式的典型代表。新加坡由于众所周知的原因，人多地少、人口密度大，高达每平方公里7000多人口的密度是世界许多城市人口密度的两倍甚至以上，解决如此人口密度的交通运输需求，单纯某一种运输方式已经难以满足各方需求，新加坡因地制宜、因势利导选择城市地铁与城市公共汽车为主的交通方式，形成强大的城市公共交通运输能力，将巨大的交通需求迅速输送到目的地。作为出行或接续的重要补充，小汽车发挥了其他运输工具难以替代的作用，和城市地铁、公共汽车共同完成城市交通运输输送任务。同样，我国香港每天有90%市民使用公共交通工具，是世界上使用公共交通比例最高的城市，每日超过千万人次的载客量主要由城市地铁、公共汽车（含小型公共汽车）等完成；出租车（小汽车）与轮渡作为其重要的补充，按照相关规定行驶在相应区域内，为往来港岛和偏远沿海小村乘客提供相应地出租汽车或渡轮服务，与地铁、公共汽车（含小型公共汽车）一起构成香港完整的公共交通服务体系，为城市交通运输发展服务。

6.2.2 我国城市交通拥堵及其控制的模式选择

我国城市交通问题由来已久，原因也十分复杂。从我国现实情况看，我国许多专家、学者和城市交通管理部门针对交通拥堵问题的解决，进行了许多有益的探讨，提出了许多缓解城市交通拥堵的政策建议和具体举措，有不少已经付诸实施实践。交通运输部和各地方政府相关部门也积极主动探讨甚至出台多元的治堵政策，如交通运输部表示解决城市拥堵问题，要大力构建城市公共交通体系，加大公交运输基础设施与枢纽站点的建设投入[71]；北京市人民政府在《关于进一步推进缓解首都交通拥堵工作意见》中提出从完善城市规划、加快道路交通基础设施建设、加大公交优先发展等多角度治理交通问题[72]；许多城市地方政府纷纷结合自身的具体情况，出台相关措施与办法，甚至将治理城市交通拥堵写入政府工作报告，有的出台五年甚至是十年的治理拥堵的工程计划。如北京市的加强法制交通建设、上海市加快高架路桥与平面交叉路口的改造、昆明市提出的公交优先战略、青岛市进行单行线路的开发，等等。但从总体情况来看，各个城市相关部门所进行的举措仍然是根据各自的经验，从自身角度出发提出解决问题的对策，有时甚至是头痛医头、脚痛医脚，解决了这个问题，又出现了另外一个问题，无法从根本上寻找到标本兼治、系统又符合实际、科学又合理、以人为本又能够落地的好办法，以至于城市交通拥堵问题在我国各地城市愈演愈烈，甚至呈现“井喷状态”，无论是首先出现交通拥堵的大城市，如北京、上海、广州等特大城市，还是兰州、西安、郑州、武汉、长沙等省会城市，甚至是约五十万人口的中小城市，城市交通拥堵现象也是愈演愈烈，成千上万的汽车被堵塞在路上，以蜗牛般速度在挪动，汽车能源在无效消耗，成倍地汽车尾气在空中飘荡，空气质量在下降。城市中心汽车速度普遍在每小时 8～10 公里。城市交通拥堵不仅延长了交通出行时间，降低了整个城市运行效率，也带来了城市污染的加剧、能源的浪费；人们“谈‘堵’色变、望路兴叹”，交通拥堵成为制约我国城市发展的“通病”与“心病”，严重影响着我国城市社会经济发展和城市化、工业化进程。因此，我国城市交通问题的解决是一项系统工程，需要用系统的思维去思考。

(1) 城市各种交通运输工具适用范围分析。

一方面，公共交通包括城市地铁、城市轻轨和公共（电）汽车，私人交通主要是指私人小汽车。从公共交通工具与私人交通工具基本技术经济特征来看，正如前面第二章中表 5 所列，各种交通运输工具基本技术经济特征各有差异，适合的范围各有不同，从而满足各自适用范围内服务对象的需要。一般而言，公共汽车运行速度每小时最大可达16～25 公里，城市轻轨每小时可达 20～35 公里，城市地铁每小时可达 30～40 公里。因此，公共交通系统出行从人们体力消耗处于能够支撑范围之内的角度，多数耗时适宜在 1～1.5 个小时内。而私人小汽车由于既不费体力，乘坐舒适且无须换乘，因而得到人们喜爱。小汽车每小时可达 30～60 公里，其出行的合理时间一般控制在 1～2 小时内，自行车每小时10~15公里，活动范围多控制在30~40分钟内，超过这个范围人们花费的体力就比较大，舒适度也会降低。个人步行由于个人体力、地理地势与气候环境等原因，一般适宜在400~1000米范围内，超过这个范围，体力消耗就会很大。因此，城市公共交通工具与私人运输工具（私人小汽车、自行车、步行）均有各自适宜的范围，是各自需求的一种选择或补充。

另一方面，从公共交通工具与私人交通工具基本技术经济特征来看，正如前面第二章表4、表5所列，各种交通工具技术经济指标也各不相同。从以往的研究看，大运量快速轨道交通（地铁）每小时单向客运量可高达3.0万~6.0万人次，中运量快速轨道交通（轻轨）每小时单向客运量可高达1.5万~3.0万人次，有轨电车每小时可单向运送1.0万~1.5万人次，公共汽车每小时单向客运量可高达0.8万~1.2万人次；从一次性载客量看，地铁一节车厢可容纳100~140人，轻轨一节车厢可容纳80~100人，公共汽车每辆载客人数可达40~90人（公共汽车大小有不等，载客量一次性也不等），私人小汽车每车可载1~5人，自行车可载1~2人；从运行占用的道路面积看，公共汽车每人占用1~1.5平方米，私人小汽车每人占用4~6平方米，自行车每人占用1.5平方米；从耗油比看，公共汽车为1，私人小汽车为6；从客运成本比看，公共汽车为1，私人小汽车为10~12。因此，从上述比较看，公共交通尤其是轨道交通（含地铁、轻轨）具有运量大、一次性载客多、道路面积占用少、成本低、耗油省、污染少等特点，与私人小汽车交通相比具有明显的运输效率优势，从而成为城市交通运输的主要力量。

（2）我国的现实情况与城市交通拥堵控制的模式选择。

我国是世界人口大国，占世界人口的1/4、14亿人口的衣食住行是每天都要面对的现实问题。土地资源的锐减、环境资源的破坏、水土的流失亟待我们去解决。节约土地、节约资源的使用利用是我们的基本国策。美国的梭罗教授告诉我们：“中国不应该浪费时间和资源，去试验已被世界其他地方证明是失败的方法”。各种运输工具的利弊、世界各国城市交通的发展早已经为我们提供了很好的借鉴，我国面临的实际情况决定了我国城市交通发展的未来选择。

第一，我国城市大多诞生于前工业化时期，受传统文化影响，城市规划设计落后，无论是路网设计还是城市道路基础设施，都不适应现代社会汽车的迅速发展。仅仅是通过城市路网改造，难以解决城市拥堵的交通问题。一是因为城市土地资源的有限，修路建路也一定是有限的；二是城市交通需求的无限，路堵路、车堵车状况，有限与无限的矛盾随之而来。

第二，我国城市的发展历程与欧美发达国家主要城市的发展所面临的问题不同。我国人多地少，石油资源及其储量人均占有远低于世界平均水平，城市交通问题的解决办法、可持续的交通发展需要我们思考交通问题的选择与抉择问题；而高密度的城市人口结构决定了我国城市交通问题的解决方向，运量大、发车频率高、迅速便利的交通运输方式的使用与选择成必然；有限的土地资源也决定了城市交通发展将更多地向空中延伸，立体化交通发展成首选。

第三，随着我国城市化、工业化进程加快，社会经济的迅速发展，人民生活水平的不断提高，小汽车进入家庭势不可挡，出现“井喷”式增长。三十多年的改革开放已经走过西方百年的历史进程，农村剩余劳动力的大量转移进城，更加加剧了城市交通问题，促使城市建设措手不及的情况下匆匆前行。路堵路、车堵车现象必然发生，路车矛盾十分突出；加快城市道路系统化建设，约束小汽车无序增长成为城市发展的现实选择。

第四，基尼系数是衡量居民收入的一个重要指标，按照联合国有关组织规定：0.2～0.3 表示比较平均；0.3～0.4 表示相对合理；0.4～0.5 表示收入差距较大；0.5 以上表示收入差距悬殊。我国国家统计局所公布的 2003 年至 2015 年中国居民收入基尼系数，数值多在 0.47～0.49 之间，且在 2008 年达到顶峰 0.491，近年呈逐步下降趋势，2015 年为 0.473。不小的基尼系数清醒地告诉我们，我国的贫富差距仍然很大，这就意味着对城市交通的需求差距也会很大。自行车、助力车、摩托车、小汽车、公共交通工具等多种运输方式并存的混合交通仍然会在比较长的时期里存在，对快速交通与慢速交通的需求形势也将长期并存，混合交通仍然是我国许多城市交通的主要特征之一。

因此，以小汽车为主、其他方式为辅的城市交通发展模式，无法解决我国城市交通日益增长的现实需求，也不符合我国国情的发展。我国城市特别是许多大型、特大型城市在道路资源和环境资源都非常有限的情况下，优先发展容量大、效率高、能耗省、环境保护相对好的公共交通是交通拥堵及其控制的必然选择。建立认轨道交通为骨干，常规公交汽车为主体，多种其他方式（小汽车、摩托车或轻便电动车、自行车、步行等）为补充，多种运输方式综合协调发展的交通方式是我国城市交通发展一项长期而又艰巨的任务，因地制宜、因城制宜的选择是城市发展的基本政策与策略。

6.3　我国城市交通拥堵及其控制的基本思路与原则

6.3.1　我国城市交通拥堵及其控制基本思路的确定

城市交通拥堵及其控制问题由来已久，产生的原因也十分复杂。城市交通拥堵及其控制是一个系统工程，需要多方面的参与协调。既有政府层面的，也有百姓层面的；既有管理层面的，也有技术层面的；既有法律法规制定完善方面的，也有法律法规执行遵守方面的；既有城市内部的协调问题，也有城市外部的配合问题。从国内外城市交通的发展历程看，应对策略各有不同，但追求的结果都是一致的。我们可以从中发现不同的城市不同的发展阶段，城市交通所起的作用的不同，影响因素也有普遍性和特殊性。从我国情况看，特殊的国情（人口众多、经济水平不一、需求层次多样、城市化进程迅速等）决定了我国在一个比较长的时期内，城市交通拥堵及其控制的基本思路仍然需要着眼于增加城市交通供给和引导城市交通需求上，采取措施尽力使两者达到平衡。

（1）增加城市交通供给。增加交通供给主要体现在增加交通运营的供给和道路基础设施建设的供给上。交通运营的供给又要通过城市布局与城市交通规划的调整改造、公共交通系统的建立健全、交通安全与交通管理工程工作的落实到位来实现。道路基础设施的供给则主要通过城市道路系统、城市轨道系统、城市交通枢纽站点和停车场等一系列交通基础设施的改造新建来实现。全方位、立体化、多样性的道路基础设施的新建、改造和扩建为城市交通供给提供了便利的条件。

增加城市交通供给，不能单纯一味地依靠增加道路供给方式来满足，这是早期治理城市交通拥堵的主要方法之一。这种方法的重点就是通过加强交通基础设施建设，提高整个路网的交通容量，满足不断增长的交通需求。然而，新建的道路基础设施又会诱发新的交通需求量，而交通需求往往是超过交通供给的，新的拥堵随之又会发生。因此，增加城市交通供给，需要政府强有力的领导、城市交通规划的严谨布局、各有关部门的通力配合与协同，否则其作用发挥是十分有限的。

（2）引导城市交通需求。狭义地说，城市交通需求的产生主要是人的需求、人的转移、人的出行。人的出行原因主要是学习、工作和回家，具有一定的规律，有特定的时间性和空间性，形成了普遍常见的早高峰和晚高峰，许多交通拥堵正是由于这种特定的早晚高峰而发生。其他如购物、娱乐、就医、走亲访友等出行，由于个体差异和随机，出行时间和目的地等相对分散，时间性和空间性也相对分散，对交通拥堵的影响也相对分散。

城市交通需求的产生直观的表现就是道路上行驶的汽车数量迅速增加。汽车数量的增加主要有两个方面：一是公共交通的增加，二是私人小汽车的增加。我国城市化进程和工业化进程的加快，城市人口迅速增长，人们生活水平不断提高，小汽车数量也迅速膨胀，交通需求不断增长。

因此，引导城市交通需求主要体现在调节人们出行需求，控制私人小汽车膨胀，引导城市交通工具的合理使用应用，努力调整城市交通需求的方向、让更多的市民出行更多地选择使用公共交通工具、自行车或步行出行，使城市运输更经济更节约更环保更安全。这不仅需要人们的出行意识的改变，而且也需要政府政策的引导、相关法律制度的完善和建立健全、交通法律法规的强化宣传、人们的自觉自律和公共交通安全意识、环保意识等多方面联动来实现。

6.3.2 我国城市交通拥堵及其控制应遵循的原则

城市交通拥堵及其控制的核心就是要解决人的运输问题，以人为本，为人（出行）着想是本质要求。城市交通拥堵的梳理是一项系统工程，不仅涉及交通、规划、运营和管理等多个部门多个系统，而且也涉及社会、经济、文化、环境、资源、生活等多个方面多个环节，需要有机处理、紧密配合，兼顾城市眼前利益与长远利益、局部利益与全局利益。城市交通系统的复杂性，使得我们在交通拥堵的处理也需要细致地分析与因地制宜地选择、调整、建设与引导。在拥堵问题的治理中应坚持以下几项基本原则。

（1）系统性原则。

城市交通拥堵的发生原因多种多样，城市交通问题的解决也是多种多样，需要一个系统的思维，以及多方的协调与协同，不能片面地“头痛医头、脚痛医脚”。从城市交通涉及的各个要素看，城市交通拥堵的解决需要处理好城市的功能与发展、城市人口的集中与分散、城市的交通供给与应用、城市的土地规划与供给、城市的能源使用与环境等多个系统多个环节。从城市交通系统的顺利运行角度看，城市交通拥堵的解决涉及城市交通基础设施的修建与完善、城市交通需求的产生与发展、城市交通运输方式与运输工具的供给与满足、城市交通需求的人口数量与质量（是指人口的素质与文明等方面）、城市交通服务管理水平的高低与依法执法等多方面。哪个部门、哪个系统、哪个环节出了问题，拥堵问题的解决就可能出现波折。

（2）多样性原则。

城市交通拥堵的发生原因多种多样，城市交通问题的解决也需要多种多样。每个城市不同，解决的方法也就不同。大城市有大城市的问题，小城市有小城市的烦恼。由于城市历史与现实不同，自然条件与文化禀赋不同，发展进程与发展阶段不同，经济条件与经济管理水平不同，城市所面临的问题也不同，因此城市交通问题的解决方式也就，呈现出多样性特点。

（3）动态性原则。

城市交通拥堵的发生原因多种多样，城市交通问题的解决也需要多种多样。这不是一个静态不变的过程，而是一个不断演进、变化、调整与完善的过程；城市交通拥堵及其控制的解决方式随着时间的推移、条件的改变、政策的变化、人们素质整体的提高也随之发生变化。原来拥堵的地方（道路或路段）可能变得不再拥堵，原来不拥堵的地方（道路或路段）可能由于外部条件的变化而变成拥堵。交通拥堵的梳理也随之呈现出动态性，交通可持续发展的目标是以满足当代人和未来人们出行需要为前提，人们的出行需求随着时间的推移也呈现动态性发展，遵循动态性调整的原则。

（4）适度超前性原则。

城市交通拥堵的发生原因多种多样，城市交通问题的解决也需要多种多样。城市不同的发展阶段，空间结构的表现不同。历史上，城市形成初期，人们聚集在一个相对狭小的空间区域，交通问题的解决也相对局限在一个狭小空间，可用的方式方法也相对有限。现实中，随着城市人口不断扩大，现代化水平的不断提高，城市空间不断拓展，城市街区和聚集区域不断拉大，交通问题变得相对复杂。如果仍然采取原有方式解决越来越多的交通问题，就难免形成城市中心地带交通拥堵、环境恶化，系列“城市病”问题随之发生。城市交通规划与城市交通运输方式的供给服务必然随着城市空间的扩大而拓展，表现出强烈的空间布局的特点，遵循适度超前性原则，影响着城市空间的进一步拓展。

6.4 我国城市交通拥堵及其控制的政策与策略

城市交通拥堵表面上看是交通运输需求大于交通运输供给，实质上是城市发展与城市交通的不匹配问题。城市交通点多、面广、线长，因素影响复杂，拥堵的控制也极其复杂。交通拥堵问题的解决，既要有全局的观念理念，又要有具体问题具体解决的政策策略；既要有法律制度，也要有以人为本的管理；既要有“硬技术”，也要有“软环境”；多管齐下、标本兼治；统筹兼顾、协调发展，实现城市交通科学合理与可持续发展。

6.4.1 加强政策引导，从源头减少交通拥堵发生的可能

城市交通拥堵的发生，归根结底是因人的交通需求的产生而产生。城市由于资源的相对集中，人口的高度聚集，而导致诸如房价高、竞争压力大、就业难、看病难、交通拥堵等许多问题的发生。因此，加强政策引导，防止人员过度密集，从源头减少交通拥堵发生的可能。一方面，对我国正在进行的城市化进程如工业生产布局、产业发展的谋划、商业网点的布设、居民生活区域的选址与配套、教育与医疗设施的供给等多方面予以政策层面、制度层面的引导与规范，防止城市人口过度密集、功能区域的不配套而造成的交通拥堵问题的发生；另一方面，对早已形成的城市交通拥堵状况进行有序的疏解和引导，改变因城市资源过度集中、人员越来越密集、城市拥堵越来越频繁的状况，有利于城市社会的稳定发展。例如，对北京、上海等大城市的疏解，要依靠政府甚至是中央政府的力量，增加符合城市发展特点的政策和制度疏解，在保持城市一定的发展速度的前提下，引导产业与人员适当的分流与输出，支援异地中小城市的发展，防止城市无限“摊大饼”、越滚越大现象的发生。

6.4.2 重视交通规划，实现交通拥堵的长治久安

从国内外城市交通治理的经验看，重视城市交通规划，科学合理制

定城市交通发展规划，坚持不懈地实施城市交通规划，是实现城市交通长治久安的重要经验内容。城市空间结构决定了城市交通源、交通量、交通运输方式与交通系统布局；而城市交通系统布局又引导城市空间结构发展，两者相互作用、相互关联，影响着城市总体规划。

城市交通规划制定得科学、合理，对城市交通发展、城市历史风貌、文化传承、城市未来发展将产生重要的影响。城市交通规划就是在对现有交通状况进行调查、分析，对交通需求及其变化进行预测与引导，对存在问题进行疏解与规避的基础上，提出的交通宏观的发展战略、交通网络系统规划和具体的道路交通方案设计。

因此，城市交通规划的制定，要在以下几方面下功夫。

（1）是有政府宏观政策的引导，要以政府的发展方针、发展计划为前提。

（2）是以政府的城市规划、城市发展定位、城市土地使用利用相结合，重点研究土地利用与交通相互制约、相互影响、相互协调的关系，使交通规划的制定与实施，与城市发展、城市布局、城市需求有机协调与统一。

（3）是要与现有的交通运输方式、交通运输需求、交通运输基础设施、交通运输管理相衔接，在不断满足城市发展、乘客需求、服务质量提升上谋发展。

（4）是城市交通规划要为建立宜居城市而努力，出得来、进得去、流得畅、行得通，安全、迅速、舒适、便利是奋斗目标，在城市功能布局与线路配套走向、交通运输工具配给上下功夫。

（5）是在具体方案线路设计和走向上下功夫。从现有布局看，城市道路的布局大致有方格网式、环状放射式、自由式道路网、混合式道路网四种形式，各个城市道路的选择要因地制宜。

但无论何种形式，都必须注意在方案改造中努力做到干支线路、岔路口有机相连，换乘站“零距离”“无缝对接”，以一体化为主线，统一规划，合理布局，协调管理，努力构建多层次、立体化的换乘服务，使城市交通规划设计既符合城市交通运输发展，又符合城市功能需求和市民运输服务质量需求，实现城市内、区域间、城市间、城乡间有机衔接，为城市交通的长治久奠定基础。

6.4.3 增加交通供给，因地制宜解决交通拥堵问题

城市交通的目的就是要更多更好地实现城市人和货物的位移，更好更多地满足城市居民的出行需要，提供更好更多更快捷、高效、舒适、安全、节能环保的服务，因地制宜解决城市交通问题。从国内外城市发展模式、我国现实情况与未来发展看，发展容量大、效率高、能耗省、环境保护相对好、舒适安全可靠的公共交通是我国城市交通拥堵及其控制的必然选择，也是国内外大城市、特大城市解决交通问题的一条成功经验。一来可以节约土地资源的过度过多占用，缓解城市土地资源相对短缺的状态；二来可以减少由于过多的私人交通所带来的交通拥堵、能源耗费、废气尾气等环境污染，减少机动车辆的出行，改善城市环境质量；三来可以为城市居民提供更多更可持续发展的交通供给与选择服务。

大力发展公共交通、增加城市交通供给，一要切实转变思想观念，充分认识公共交通对于我国城市交通拥堵问题解决的重要现实意义和长远意义；二要结合城市实际，因地制宜选择公共交通与公共交通运输方式，安排好公共交通发展进程和阶段、完善修缮公共交通系统的方式方法，提供公共交通运输服务；三要政府政策支持与引导。从政府政策制定与实施、资金投资与融资的落实、税收优惠与减免措施的实行等诸多方面确保公共交通优先发展，落实公共交通优先，推动城市公共交通的优先，最大限度地减少道路资源的占用，减少拥堵的可能；四要加大宣传力度，宣传公共交通，使用公共交通，维护公共交通。如领导带头乘坐公共交通；公务员带头一律乘坐公共交通、步行或自行车上下班（在合适的范围内）、不开私家车上下班；各单位出台政策鼓励员工乘坐公共交通，并给予一定的公共交通采用补贴；借助电视电台、公益广告、街边路边电子显示屏幕、多媒体自媒体等多种形式宣传公共交通，举办

公共交通宣传月活动、公共交通乘坐知识竞赛抢答、公共交通乘坐政策优惠优先等活动，在全社会范围内形成公共交通使用热，倡导低碳出行方式，养成良好的消费理念和习惯，支持公共交通事业的发展，实现城市交通可持续长效发展。

6.4.4 协同联动，全面梳理，落实城市交通“以人为本”

总体而言，由于各种原因，我国城市交通管理体制主要有分散式管理（一种是城市交通运输局主要负责公路运输、公路站场建设以及水路交通运输，市政汽车公司负责城市公共交通和客运出租汽车管理指挥，城建部门负责城区道路规划与建设的制定审批，公安交警部门负责城市交通管理与控制的组织与落实；另一种是城市交通运输局负责公路规划建设与水运管理、城市客运、公交与出租车管理，公安交警部门负责城市交通管理与控制）和综合管理（目前只有少数几个大城市如北京、广州、深圳、武汉、重庆在实施）模式[73]。许多城市采用的分散式管理模式难以适应城市交通发展的需要。分散式城市交通管理模式主体分散、条块分割、责权事权难清、职能交叉重复重叠，往往多侧重于从自身发展出发，缺乏全社会的统一协调，影响城市交通系统的发展和交通投资整体效益的提高。因此，协同配合，全面梳理，整合优化，统一交通管理意义重大。因此本书建议：

（1）从政府层面，建议尽快成立城市交通委员会或城市交通联动指挥小组，进一步加强城市交通发展与城市交通管理的协同合作，在城市发展与规划、城市道路新建与改造、城市交通运营与管理、城市交通运输方式的选择与协作、城市公共交通线路的优化与设计等问题上多多沟通与协作，避免各自为政、力量分散、资源重复与浪费。

（2）对现有城市交通管理制度与办法进行清理与整顿，将互为矛盾、不合时宜发展和技术进步需要、不利于管理与协调的制度与办法清理出来；将有利于益城市资源整合与利用、有利于城市整体效益的提高与协同配合的制度与办法延续下去并发扬光大。

（3）协同配合，全面梳理，落实城市交通"以人为本"。在公共交通运输一体化的选择上，在线路改造、新线设计、道路基础设施建设上，在停车站点与枢纽线路的布设、不同运输方式换乘便捷上，既要注重各种运输方式基本特征和技术经济适用范围，又要做好整合线路、优化公共交通服务衔接方式方法与布局；既要注重宏观公共交通运输环境的打造，又要注重微观乘车环境细节的营造；使得各种运输方式之间、各种运输方式内部、公共交通与私人交通之间"无缝"衔接与服务；一体化的思维、一体化的设计、一体化的建设、一体化的服务，使"以人为本"落到实处。

6.4.5 宣传法律法规，严格交通执法管理

交通法律法规的制定，其重要作用就是要为人们提供基本的交通行为准则与规范，最大限度地维护广大民众利益，维护良好的交通秩序，加强行车安全管理，增强人们守法意识和公共道德意识，强化监督管理，走依法管理、依法治理城市交通之路，实现城市交通的有效管理。建立健全交通法规，使人们可以通过交通法律法规预见自己的交通行为及后果；通过法律的奖惩，教育提醒人们哪些能做、哪些不能做、哪些必须做，为纠正无序的交通、约束违法的交通行为，实现交通管理规范化、法制化而努力。

从我国现实情况看，我国城市交通涉及的法律法规主要有：2004年5月1日开始施行的《中华人民共和国道路交通安全法》，可用于指导城市交通安全管理；2008年1月1日起施行的《中华人民共和国城乡规划法》，可用于指导城市建设与城市交通规划；2016年4月1日开始施行的《机动车驾驶证申领和使用规定》，可用于指导与规范机动车驾驶证的申请、考证和使用。此外，还有系列与相关法律法规配套的征收办法或条例，如《车辆购置附加费征收办法》《道路交通安全违法行为处理程序规定》《汽车维修法规及管理条例》等，它们共同组成了我国城市交通执行的法律基础。

然而，从已有法律法规或条例办法看，针对我国城市交通拥堵、加强城市交通管理与引导的法律法规相当稀少。2012 年 12 月 29 日，国务院办法了国发【2012】64 号文“关于城市优先发展公共交通的指导意见”后，各地落实水平总体不一，公共交通事业如何发展仍然多数停留在理念概念上，至今也未见到能够从法律上进一步明确、推动并保障城市公共交通优先发展、建设与管理的《城市公共交通法》。因此，加强城市交通管理，维护城市交通安全：

（1）加强城市交通相关的法律规章制度建设，尽快制定出台与我国情况相适应的《城市公共交通法》，从制度上明确各方职责，在实际工作中各负其责，保障城市公共交通系统安全、顺利、健康、有序的发展。

（2）加强交通安全法律法规宣传教育，提高全民遵守交通法规的基本素质。只有全民的交通素质普遍提高，才能有高素质的现代化城市交通。交通秩序的好坏取决于交通参与者素质的高低。从我国现实情况看，城市交通参与者交通素质整体不高，安全与法治意识总体不强，遵纪守法自觉性仍然不高，道路交通违章现象依然不少。加强交通法规宣传，理顺交通秩序，就是要提高交通参与者总体素质，提高交通参与者自觉遵纪守法的意识。交通安全法律宣传教育是一个系统工程，需要从小抓起，从路上行“人”抓起，教育引导路上行“人”遵纪守法意识、文明礼让。利用现代化手段、民众喜闻乐见的形式开展交通法律法规知识宣传、举办交通安全知识竞赛、进行违章违规处罚的警示教育，提高路上行“人”的交通安全意识，减少交通安全问题的发生。

（3）加大交通执法力度，严格交通执法管理。交通秩序的好坏，是城市文明与否的重要标志之一，道路交通各行其道、各负其责。在城市道路上，无论行人还是车辆，都应遵守各自的行为准则和规范，保障交通秩序的畅通。然而，行人不走人行道，车辆随意转弯变道、“见缝插针”闯道、闯红灯、乱按喇叭、乱停车占道、不按规定随意行驶、斑马线上不礼让行人现象常常发生且普遍，不仅加剧了交通拥堵，还极容易造成交通恶性事故发生。有法必依、执法必严；“珍爱生命、拒绝违规”，才能深入人心；严格交通执法管理，交通事故与交通拥堵才能更少发生。

6.4.6 采取措施，强化交通需求管理与分流

加强交通需求管理（TDM）涉及交通管理的方方面面，交通需求管理概念引入我国也只是近十几年的事情，许多措施与具体办法还有待深入研究探讨，现实应用中人们的认识与接受还有一个转变的过程。但从国内外城市交通治理经验看，交通需求管理有许多成功的经验可以借鉴。事实上，城市日益增长的交通需求，单纯依靠道路基础设施供给的增加是难以长久为继解决的。实施交通需求管理，从源头上入手，通过相关政策、法律、现代化技术设备与手段，达到交通出行需求减少、延缓、错峰或转移分流的目的。因此，多管齐下、因地制宜地选择与推行交通需求管理，意义十分重大。具体可用措施主要有：

（1）会议召开问题。在全市范围内，号召各个单位、各个系统可开可不开的会议，就尽量不开；有条件召开电视电话会议的，就尽量以电视电话会议形式召开，也同样能够达到部署具体工作、传达上级指示精神，减少交通需求产生的目的。

（2）错峰出行问题。各个城市早晚出行上下班是容易发生拥堵的高峰时段，建议各个城市在不影响正常上下班和工作效率的情况下，统一指挥、协调部署，实行错峰上班、错峰下班、限时通行（对区域限时、对车种限时、对通行时间限时），实现有效的错峰管理，实现交通均衡，使错峰通行效益最大化；对一些限制性不强的行业或工种，实行弹性工作制或家庭工作制，进一步减少道路交通拥堵。

（3）在加速交通需求分流。各个城市在自身条件许可的范围内，加大投入，加快建立健全各城市干支交叉的道路口、公共交通枢纽换乘站、运行线路密集交换点，优化各个路口、道路枢纽衔接站点的交通运输组织，设置电子信息显示牌；加快城市智能交通系统（Interligengt

Transportation System，ITS）建设，通过运用先进的信息技术、数据通信传输技术、电子传感技术、电子控制及计算机处理技术，将道路交通、线路运行、车辆使用运用、有关服务管理紧密相连，通过交通管理信息中心信息集中处理后，传输给运输系统各个用户（包括公众信息电子显示牌），及时发布道路车流始发、线路运行情况等信息。出行者可实时选择最佳出行运输方式或出行线路，选用使用公共交通，吸引更多的人放弃私家交通出行；交通管理部门可进行科学合理的交通疏导和进行事故的及时处理；运输部门可随时掌握车流运行情况，进行合理有序的调度，从而，达到道路网络系统处于最佳交通状态，分流了交通流量，强化了交通需求管理。

（4）在收费许可或分流错峰政策。对一些城市特定的拥堵区域或路段，实行严格的交通管理或收费许可证制度，达到转移交通需求、分流交通需求的目的，使交通需求在时间上、空间上保持一定的供需平衡，减少拥堵特别是高峰时段拥堵发生的可能。目前可采取的措施主要有：车辆拥有控制制度，如实行严格的车辆税、车辆定额配给制、停车库许可制等；车辆使用控制制度，如对于拥堵的城市中心区域或路段，采取单双号限行、单方向通行、使用通行特许证，直至严格的交通拥堵收费管理制度、高额的停车场收费制度、出租车无效空驶限制，降低出租车空载率等，减少不必要的交通流量产生，加强交通需求管理，确保交通运行的畅通。

6.5 城市交通拥堵及其控制应注意的几个问题

城市化、机动化带来的交通拥堵以及由此引起的交通事故、环境污染、道路堵塞，已成为世界各国城市发展中面临的重要问题。它的存在已使许多城市付出巨大的代价，投入大量人力物力财力梳理拥堵，但大多数收效甚微、甚至还形成“边堵塞、边治理；边治理、边堵塞”的恶性循环。深究原因，多种多样。有的城市治理思路与治理方法本身就是有急功近利短期行为，有的城市治理具有盲目性、片面性等特点，有的则采取“头痛医头、脚痛医脚”，越位、缺位、失位现象仍然比较普遍[74]，缺乏系统思维和综合协调的手段与方法，使得城市交通拥堵及其控制陷入一种无效、无序甚至是误区。如何走出误区，治理拥堵，防范拥堵，需要新的思维与视角，需要转换观念和理念，应注意处理好以下几个问题。

6.5.1 城市交通拥堵及其控制中的“人”

城市交通拥堵最突出的问题就是人的问题，城市规模越大，城市人口越多，交通需求越大，交通拥堵随之越重，人、车、路之间的矛盾就越突出，中国式过马路问题层出不穷。如何解决人的问题，是城市交通拥堵治理中的首要问题。

首先，城市交通的存在是为了人的存在而存在，城市交通的打造也要围绕满足人的需求来谋划。交通和城市的关系实际上就是人与城市的关系，要从统筹城市的发展角度去统筹城市交通的发展，重视交通与城市的互动，树立交通优先发展的理念。其次，在城市交通的人、车、路三大要素中，人是第一的要素。交通中的人包括路上行人与机动车驾驶员，而驾驶员通过研究获得交通环境中80%以上的信息，再向大脑、四肢等器官发出指令。汽车的行驶、转弯、加减速度、制动等都需要凭借驾驶员的意志来决定。因此，研究人的特性、人的心理、人的交通需求，有着特别重要的意义。人们出行为了什么？人们出行需要什么？人们出行时，交通又能提供什么？等等问题需要人们去设身处地地思考人与车的关系、人与路的关系。从这个角度出发，城市交通拥堵及其控制，必须从人的需求出发，处理好人与车的关系、人与路的关系，从观念上重视慢性交通，完善步行系统，努力将混合交通转变成分离交通[74]，落实人本位的城市道路出行。在人员密集地（工作地），在居民生活区，在人群密集的场所及其附近设置便利的公共交通站点，在人们常去的地方增设公交线路，在人行道上、斑马线内设置醒目的交通警示牌或显示警示信号，方便人员穿行，建立与道路相适应的人、车分流体系，减少对路上行人的干扰，确保人、车分流与安全。

6.5.2 城市交通拥堵及其控制中的“车”

城市交通拥堵及其控制中的“车”主要有两种类型：一类是为城市居民出行服务的公共交通车辆；一类是为私人（或家庭）个体服务的私家车。从我国城市实际情况看，为市民大众服务的公共交通车辆仍属于需要大力发展、进一步规范管理、努力提高其效率效能的新阶段；而为个体或个体家庭服务的私家车，却属于另一种完全不同、需要重新思考与审视发展的新阶段。

正如前面所述的原因那样，私家车进入我国城市的个人或家庭如雨后春笋迅速增长，私人购车力量推动了我国汽车市场的大繁荣，汽车消费已成为一种时尚。私家车大规模地进入百姓家庭，给人们带来了许多便利和享受，满足了人们新形势下的消费心理需求，扩大了内需又推动了经济发展。然而，私家车数量的迅速增加，也给人们带来了许多烦恼与问题：城市交通越来越拥堵、能源危机或能源紧张在加快、城市土地资源变得越来越紧张……，更重要的是市民生活方式的改变。

我国正处于城市化、工业化的快速发展时期，城市基础设施仍然十分薄弱，大规模城市建设仍然在进行中。私家车数量的迅速增加，人、车、路三者之间的冲突加剧。一方面，小汽车（主要是私家车）数量的迅猛增长与大规模城市基础设施建设相重叠，大规模、遍地开花的城市改造，使得原本就已超负荷运行的城市道路交通更加拥堵和脆弱。另一方面，由于经济的原因，快速发展的小汽车（私家车）交通与自行车、摩托车、农用车、助力车等交织并存的混合交通将在相当长的时期内存在，慢速交通与快速交通混合在一起，使我国城市交通管理难度远远加大，交通安全可靠性降低，交通拥堵常常发生。第三，城市交通拥堵问题在我国出现虽然时间总体不长，但交通拥堵来势凶猛，几乎所有大中城市、甚至是不少小城市也常常出现交通拥堵的困扰。因此，控制私家车无序增长，加大车辆的使用限制，走出“汽车化”“机动化”发展的误区，落实城市公共交通优先政策，提高城市公共交通吸引力与运输供给能力，是城市交通拥堵及其控制问题解决的必经之路。

6.5.3 城市交通拥堵及其控制中的“路”

从经济学视角看，虽然经过近十余年的努力，我国城市道路无论从修建的总量，还是从道路网络结构的改善上都有了明显的进步与提高。市内宽阔的马路街道、绕城而过且与城里城外紧密相连的外环线路，都预示着我国城市道路有了长足的进步，道路建设配套也不断加快，道路供给不断增强。然而，根据当斯定律（Downs Law），从理论层面上看，新修的道路缓解了交通需求，但随着新修道路的畅通，新的交通需求又会产生；单纯依靠增加道路来解决交通问题其作用仍然十分有限；而不断增长的交通需求又总是会超过交通供给。因此，一味地增加道路交通，既没有可能，也没有必要；既受城市土地资源有限的约束影响，又不能真正地解决交通供给短缺问题，交通拥堵现象仍然常常发生。因此，处理好交通拥堵及其控制中的“路”的矛盾，一方面要走出误区，从加强城市交通管理，加强城市交通需求调节的“软件”着手，疏解城市交通拥堵问题的发生；另一方面要从加强城市交通拥堵及其控制的“硬件”着手，杜绝城市无限“摊大饼”修路铺路的现象，走出宽马路、立交桥的城市道路建设误区，向空中（发展轻轨）、向地下（发展地铁等）要运力，发展立体化的城市交通网络，打通断头线，摈弃主干线与干支线不配套、支路的比例与密度不合理、旧城与新城线路不衔接、道路供给与城市建筑用地不配套等现象，完善城市道路网络系统与功能，提高城市交通整体承载能力。

6.5.4 城市交通拥堵及其控制中的“公共交通优先问题”

2004 年 3 月我国颁发了《关于优先发展城市公共交通的意见》，站在国家战略发展的高度，先后颁发了优先发展公共交通的有关文件。大力发展公共交通，实行公共交通优先，是解决城市大多数居民如何便利出行的重要问题，也是缓解城市土地资源紧张、减少城市环境污染的迫切需要。2011 年交通运输部在《交通运输“十二五”发展规划》中提出，在“十二五”期间选择 30 个城市进行“公交都市”建设示范工程。2012 年国务院下发《国务院关于城市优先发展公共交通的指导意见》（国发【2012】64 号文），要求构建以公共交通为主的城市机动化出行系统，明确提出大城市公交站机动化出行比例要达 60% 左右，并提出建立健全城市公共交通发展考核评价制度，定期对全国重点城市公交发展水平进行考核评价[75]。然而，各有关城市对公共交通并没有给予足够的重视，公共交通优先发展的战略并没有得到很好的贯彻落实，有的甚至还处于倒退状态，公共交通分担的出行比例不升反降，与世界许多标杆城市相比较，差距仍然很大。世界部分标杆城市公共交通出行分担率（占机动化出行总数比例）分别是：东京 80%、巴黎 67%、伦敦 72%、新加坡 65%、首尔 60%、哥本哈根 60%[76]。如何提高公共交通出行分担率并不是一件容易的事情，公共交通优先发展不能仅仅是停留在口号上，正如山东大学交通规划设计研究中心主任张汝华所说的那样：“当前一些城市拥堵现象比较严重，公共交通工具是承担公众出行的主力军，应该继续加大公共交通工具的投入，不仅解决超载，还可以治理拥堵”。

大力发展公共交通是一项复杂的系统工程，这既是一个社会问题，也是一个经济问题；既是一个技术问题，还是一个管理问题，需要政府政策大力支持、资金的投入与引导，还需要各种运输方式的协调、配合与参与来完成。公共交通的发展，公共交通模式的选择，公共交通专用道的划定、公共交通路权使用的优先、枢纽及站点周边的布局、长途客运与短途公共交通的转换与驳接、公共交通用地的保障与落实等都需要政策上、资金上与管理措施上的大力扶持与引导。大力发展公共交通，推动公共交通全方位、多层次、多元化方向发展，满足不同层次需求，吸引更多的人使用公共交通，营造一个公共交通大力发展的良好社会环境，逐步形成全社会公共交通优先发展的好态势。

参考文献

［1］刘晓．关于城市交通拥堵问题研究的文献综述［J］．经济研究导刊，2010（4）：102—103.

［2］余冰、任莎等．城市交通拥堵问题研究综述［J］．物流技术，2011（6）：4—6.

［3］程琳、范巍巍、王炜．公交优先的内涵、外延和发展战略［J］．城市公共交通，2006（6）：19—20.

［4］宋冰勇、鲁丰先．我国城市交通模式及城市交通管理方法探究［J］．科技创新导报，2008（3）：212.

［5］周彤梅、杨继辉．解决城市道路交通拥堵问题的方法研究［J］．中国人民公安大学学报，2005（1）：98—100.

［6］张觉文．市政管理新论［M］．四川人民出版社，2003：65.

［7］陆化普、王建伟等．城市交通管理评价体系［M］．北京：人民交通出版社，2003.

［8］张世飞．建国以来北京几次交通拥堵的解决及启示［J］．北京社会科学，2006（2）：92.

［9］北京建设史书编辑委员会．建国以来的北京城市建设［R］．1986：285.

［10］北京建设史书编辑委员会．建国以来的北京城市建设［R］．1986：19.

［11］张建慧、雷星晖、李金良．基于系统动力学城市低碳交通发展模式研究［J］．软科学，2012（4）：77.

［12］王海娟，孙莞．对城市交通拥堵问题及其对策的思考［J］．

北京汽车，2002（2）：41.

[13] 谈明洪. 中国城市交通堵塞机率的计算及其政策启示［J］. 地理科学进展，2010（1）：110.

[14] 张爱东. 城市交通拥挤分析与对策［J］. 山西建筑，2007（8）：54.

[15] 周彤梅、杨继辉. 解决城市道路交通拥堵问题的方法研究［J］. 中国人民公安大学学报，2005（1）：98.

[16] 杨成国、李英子. 我国特大城市交通拥堵问题对策研究［J］. 北京建筑工程学院学报，2007（12）：62.

[17] 杨龙. 浅析交通在现代城市发展中的影响［J］. 内蒙古科技与经济，2007（7）：17.

[18] 曹敏晖. 城市交通存在的问题及对策分析［J］. 重庆交通大学学报，2009（2）：12—15.

[19] 彭军、王江锋、王娜. 我国大城市交通拥堵成因及治理策略分析［J］. 中国科技信息，2011（8）：199.

[20] 刘秋菊、景国勋、房跃洲. 浅析城市交通拥挤现象及解决办法［J］. 安徽建筑，2007（1）：10—11.

[21] 张成福、党秀云. 公共管理学［M］. 北京：中国人民大学出版社，2001.

[22] 黄德林、田家华. 公共管理若干前沿问题研究［M］. 武汉：中国地质大学出版社，2006.

[23] 赫克谢尔. new public management，NPM［R］. 北京：中国经济出版社，2010.

[24] 杜萍. 治理交通拥堵的公共管理学思考［J］. 学术论坛，2015（3）：113.

[25] 张宏军. 西方外部性理论研究述评［J］. 经济问题，2007（2）：14—15.

[26] 黄敬宝. 外部性理论的演进及其启示［J］. 经济理论问题，

2006（7）：22—24.

[27] Romer Paul M. Increasing Returns and Long Run Growth [J]. Journal of Political Economy, 1986, 94 (4): 1002—1037.

[28] 黄乾．人力资本价值、外部性与产权［J］．合肥联合大学学报，2002（6）：67—73.

[29] See Ernst U. EarthPolitic [M]. London: London Zed Books Ltd, 1994.

[30] 李秋．解决交通运输外部性的对策［J］，黑龙江科技信息，2013（13）：19.

[31] 张智勇，陈来荣，张岚．交通拥堵收费研究［M］，北京：人民交通出版社，2014.

[32] 彭兴庭．“交通拥堵”的经济学分析［J］．运输经理世界，2006（11）：90.

[33] 苏鹏．西方利益相关者理论发展与评述［J］．当代经理人，2006（4）：227.

[34] Clarkson. M. A Stakeholder Framework Frame Work for Analyzing and Evaluating Corporate Social Performance [J]. Academy of Management Review. 1995, 20 (1): 92—117.

[35] 贾生华、陈宏辉．利益相关者的界定方法述评［J］．外国经济与管理，2002（5）：13—18.

[36] 万建华．利益相关者理论［M］．北京：海天出版社，1998.

[37] 李心合．面向可持续发展的利益相关者管理［J］．当代财经，2001（1）：66—70.

[38] 谢霓泓．利益相关者研究的回顾与思考［J］．会计之友，2009（4）：87—89.

[39] 蒋燕、刘巧云．城市道路交通安全管理对策浅析［J］．城市道桥与防洪，2016（1）：103—105.

[40] 数据均来自《中国统计年鉴 2016 年》.

［41］张嘉、梁茵．论我国城市道路建设与规划管理问题［J］．四川建筑，2006（8）：15—16.

［42］洪阳、叶文虎．可持续环境承载力的度量及其应用［J］．中国人口．资源与环境，1998：3.

［43］中国新闻网：《环保部发 9 城污染源解析：机动车成大气污染罪魁祸首》，http：//www. chinaews. com/cj/2015/04 -02/7180430. shtml. 2016 年 1 月 15 日访问。

［44］尹洪．城市交通噪声对住宅居住环境的影响及防治措施［J］．知识经济，2009（16）：63.

［45］柳海林．城市交通规划面临的形势与任务［J］．智能城市，2016，2：123.

［46］龙宁、李建忠、何峻岭、刘国强．关于城市交通规划编制体系的思考［J］．城市交通，2007，02：35—41.

［47］全永荣、潘昭宇．建国 60 周年城市交通规划发展回顾与展望［J］．城市交通，2009（9）：1—7.

［48］孔令斌．新世纪前 10 年城市交通规划发展回顾［J］，城市交通，2010（3）：1—12.

［49］全永乐．当前城市交通规划建设领域值得关注的倾向［J］，城市交通，2013（3）：1—6.

［50］许冬琳、包俊君．布棋局、下好棋：国内城市交通规划综述［J］，人民公交，2012（6）：30—33.

［51］朱文英、马天山．城市交通需求管理的应用研究［J］．交通标准化，2006，10：132—135.

［52］徐文强、徐亚光、冯立光．英国城市公共交通发展经验及对我国的启示［J］．交通运输系统工程与信息，2012（8）：190—194.

［53］任洁．谈英国伦敦城市交通规划［J］．山西建筑，2011（11）：9—10.

［54］许纪峰．英国以管理为突破口，缓解城市交通拥堵［N］．中

国社会报，2005.

［55］INSEE. En QuelquesLignes［EB/OL］.［2013－04－26］. http：//www. insee. fr/fr/regions/idf/reg－dep. asp？theme＝1&suite＝1.

［56］本刊综述．世界各国城市交通管理经验面面观［J］. 交通工程，2007（6）：30—40.

［57］林卫．欧洲城市交通的经验与启示［J］. 城市规划，2001（10）：56—57.

［58］仇保兴、戴永宁、高红．法国城市规划与可持续发展的分析与借鉴［J］. 国外城市规划，2006（3）：1—5.

［59］筱雪、吕志坚．巴黎发展绿色交通及其对北京的启示［J］. 全球科技瞭望，2013（9）：70—75.

［60］Le Plan de de－placementurbains dlle－de－France［EB/OL］.［2013－07－08］. HTTP：//www. iledefrance. fr/missions－et－competences/deplacements－amenagement/le－pdu/le－plan－de－deplacements－urbains－dile－de－france/.

［61］王超、林清华．国际大城市交通拥堵社会问题处理经验借鉴［J］. 当代经济管理，2011（1）：50—54.

［62］上海城市交通代表团．亚洲大城市公共交通现状及启示（上）［J］. 城市交通，2007（5）：7—10.

［63］陈志江．城市交通技术经济问题探索——论日本东京城市交通的综合治理［J］. 数量经济技术经济研究，1990（9）：75—80.

［64］www//：360doc. com2016 年 4 月 7 日环球时报文章，一体化系统解决东京交通拥堵问题．

［65］顾国祥．香港和南京城市交通状况比较分析［J］. 统计科学与实践，2011（9）：45—47.

［66］文章题目：香港不收交通拥堵费，虽地小人多为何不堵车，北京晚报，2013 年 9 月 8 日．

［67］王媛媛．德国城市公共交通一体化及启示［J］. 交通企业管

理，2016（9）：75—76.

［68］王修山．新加坡交通发展对我国城市交通的启示［J］．路基工程，2009（2）：196—198.

［69］李康乐、李朝阳．新加坡常规公交系统发展经验及对我国的启示［J］．世界地理研究，2012（3）：41—47.

［70］陆正业．新加坡城市公共交通管理对广西的启示［J］．西部交通科技，22012（12）：73—76.

［71］交通运输部：解决拥堵要大力构建城市公交体系［N］．人民日报，2010—12—24.

［72］北京市人民政府．关于进一步缓解首都交通拥堵工作意见（京政发［2010］42号文）［Z］．2010.

［73］张文艳．浅析城市交通管理体制改革［J］．交通企业管理，2011（7）：27—29.

［74］陈婧、潘权骁．城市交通拥堵治理中的几个悖论［J］．未来与发展，2012（8）：35—38.

［75］曹辉．关于提高城市公共交通分担率的思考［J］．交通与运输，2014（7）：110—113.

［76］交通运输部大陆运输司．世界主要城市公共交通［M］．北京：人民交通出版社，2010.